エミン流

「会社四季報」最強の読み方

The best way to read Emin's "Japan Company Handbook"

Emin Yurumazu
エミン・ユルマズ
15年間、四季報を
全ページ読み続けた達人

東洋経済新報社

目次

第1章

なぜ『会社四季報』は株式投資のバイブルなのか

第2章

四季報の達人・エミン流の実践投資術

第3章

今こそ「日本株」に投資する理由

第4章

上昇株を見つけるエミン流「四季報読破術」

第5章

【実践編】エミン流で見つけたお宝銘柄

※本書は投資勧誘を目的としたものではありません。銘柄の選択など、投資の最終決定はご自身の判断で行ってください。

第1章

なぜ『会社四季報』は株式投資のバイブルなのか

会社四季報との出会い

私の社会人としてのキャリアは、２００６年に野村證券に入社したところから始まった。そして、それが今に至る『会社四季報』との長い付き合いのきっかけでもある。

最初の配属先は「企業情報部」というところだった。何をしているのかというと、M＆Aのアドバイザリーを行う部署だ。現在では総勢１００名を超えるスタッフを抱えている大部隊で、日本と海外の企業合併なども積極的に手掛けている。２００８年にはリーマンショックで破綻したリーマン・ブラザーズの一部海外事業を承継した部門でもある。

会社四季報の凄いところは、M＆Aのアドバイザリー部門にも必ず置いてあったことだ。M＆Aを行う時には当然、被買収企業の企業価値を算定しなければならない。その時に会社四季報に掲載されている情報を用いていたのだ。

被買収企業のバリュエーションを行う場合、野村證券のアナリストがカバーしている企業は問題ないのだが、何しろ上場企業は３０００社以上あるので、特に中小型企業のなかには、アナリストがカバーしていない企業もある。そうなると今期や来期の業績予想の数字がないので、それを会社四季報で補っていた。会社四季報なら、東洋経済新報社という第三者機関の目で見た予想数字ということもあり、公平性が担保されると考えられていたからだ。

とはいえ、その部署での会社四季報の使い方は、今の私が使っているように、株価の値動きを予想するための使い方ではなかった。あくまでも企業価値を算定するためのものなので、バランスシートを見て、会社四季報に掲載されている今期、来期の業績予想を使って計算した企業価値を発行済株式数で割り、理論上の1株あたり株価を算出して買収する価値があるかどうかを判断するといった使い方だった。辞書的な使い方といったほうが良いだろうか。

その部署には3年いた。その間にリーマンショックが起こり、何か他の仕事もしてみたいと考えていた時に、現在野村證券の社長である当時の上司から「何か他にやりたい業務があれば配属先の希望を聞きますよ」と言われたので、マーケットのことを少し経験してみたいと伝えた。その希望が通って配属されたのが、機関投資家営業2部だった。

ここが前にいた企業情報部とは、部屋も雰囲気も全く違うところだったと記憶している。

企業情報部は情報のファイアウォールの関係もあって、一人一人の席が全部パーテーションで区切られていて、どこかの研究機関みたいに静かな環境だったが、機関投資家営業2部はトレーディングフロアにあったので、パーテーションはなく、とても天井が高い大部屋に、300人くらいのスタッフが声を張り上げて仕事をしているようなところだった。同じビルだったのに、全く違う会社に来たように錯覚したくらいだ。

機関投資家営業2部は文字通り、国内外の機関投資家から株式の売買注文を取ってきて、取引してもらうことで手数料をいただく仕事だ。当然、何も言わなければ相手は取引してくれないので、こちらはさまざまな投資情報を提供することによって、機関投資家のお客さんから注文を取ってくる。

少しでも多くの注文を取ってくるためには、お客さんにとって有益な投資情報を提供しなければならない。その時、初めて会社四季報を、特定の数字を集めるための辞書的な使い方ではなく、掲載されている情報を「読む」ための使い方を知った。というのも、その部署では会社四季報を読んで、自分の気に入った銘柄を発表し、3カ月後にその銘柄のパフォーマンスを競うというゲームをやっていたからだ。

今も覚えている。そのゲームに参加した時に読んだ会社四季報は、2009年の春号である。当時の株式市場は、前年のリーマンショックの影響で、株価が大暴落している真っ最中であった。

ビギナーズラック？

初めて会社四季報を読破して、銘柄を3つ選んだ。そして3カ月が経って成績を比べたところ、何と私がトップだった。その時の機関投資家営業1部と2部のスタッフは、全員で50名くらいいたので、正直、まさか自分がという想いだった。

まあ、ビギナーズラックも多分にあったのかもしれないが、その時、何よりも驚いたのは、**リーマンショックという未曽有の金融危機においても値上がりする銘柄があるように、株価が非常にダイナミックに動くということ**だ。それ以前の私は、時価総額や企業価値しか見ておらず、同じように会社四季報に目を通していたものの、そこに記載されている情報が、株価の値動きに影響することについてはあまり深く考えなかった。

この時、選んだ3つの銘柄のうち、株価が驚くほど値上がりしたのが、ウエストホールディングス（１４０７）だった。２００９年３月末には21円だった（修正）株価が、２００９年６月末には47円で2倍以上になったのだが、この銘柄をそのまま保有し続けていたら、２０２１年11月の高値は６９４０円である。

自慢ではないが、ひょっとしたら自分には銘柄選びのセンスがあるのではないか、と思ってしまった。あわよくば、そのまま野村證券を辞めて、一投資家になったほうが儲かるかもしれない。この分厚くて、細かい数字や文字がぎっしり詰まった本を読みこなしたら、ひょっとすると巨万の富をもたらしてくれるのではないか。そう思ったら、何だか嬉しい気持ちが湧きあがってきた。

もしそうだとしたら、そのセンスをもっと磨かなければならない。そのためには、もっともっと会社四季報を読み込む必要がある。それが、会社四季報を読もうと思ったきっかけである。

それからも、3カ月ごとに出たばかりの会社四季報を読み込んで銘柄を挙げ、部内で成績を競い合うゲームを繰り返した。

とはいえ、3カ月の成績を競い合うことにはあまり意味がないと、私は思っている。なぜなら、その3カ月間ではほとんど値動きがなかったにもかかわらず、その後から大きく値上がりする銘柄も結構あったからだ。成績を競うのは単なるモチベーションを高めるためのツールであり、**本当に大事なのは、変化に気付くこと**だということがわかってきた。決して大きな変化ではないが、ずっと同じ媒体を定点観測し続けているうちに、ほんのちょっとの変化に気付くことで、株価の先読みができるのではないか、と思うようになったのだ。

詳しくは後の章で触れるけれども、たとえば会社四季報の最初のページにある「【見出し】ランキングで見る業績トレンド」などは、その代表的なもので、2024年2集春号のそれを見ると、1位から15位までの間に、ネガティブワードは1つしかない。「反落」というのがそれだが、ここまでポジティブワードがランキングの大半を占めているのを見ると、「ああ、そろそろ天井が近いかもしれない」と思えてくる。

当然、株価は景気を先取りして動くので、恐らく今の株価は好材料の大半を織り込んでいると考えられる。つま

【見出し】ランキングで見る業績トレンド

四季報掲載の多くを占める3月期決算企業の記事見出しは、25年3月期の業績予想に対してつける。今号の見出しトップは【続伸】。この見出しは、営業利益の増益率10％以上が連続するようなときに使われ、25年3月期も好調な伸びが期待できる。【最高益】、【連続最高益】が3、4位に入る一方、【反落】など業績下降を示す見出しは上位になく、当面は好業績が見込めそうだ。

順位	24年2集 春号		24年1集 新春号		23年4集 秋号		23年3集 夏号		23年2集 春号	
1	続伸	298	続伸	181	続伸	176	続伸	188	上向く	251
2	上向く	255	上振れ	171	上振れ	164	反落	175	続伸	216
3	最高益	157	上向く	156	上向く	148	上向く	161	反発	132
4	連続最高益	134	下振れ	135	反落	132	連続増配	135	連続最高益	124
5	増勢	128	最高益	117	独自増額	119	増配	126	最高益	120
6	好転	126	好転	97	増額	115	好転	114	好転	115
7	連続増益	124	増額	95	下振れ	97	最高益	109	反落	107
8	小幅増益	117	増配	95	好転	93	反発	94	増益続く	95
9	増益続く	110	反落	94	最高益	90	連続増益	90	連続増益	94
10	反発	104	連続増配	85	横ばい	87	連続最高益	83	復調	91
11	堅調	102	反発	80	連続増配	87	横ばい	83	小幅増益	89
12	復調	98	連続最高益	66	反発	75	黒字化	79	堅調	83
13	横ばい	76	横ばい	63	増配	75	浮上	74	横ばい	78
14	反落	74	大幅増益	62	黒字化	69	大幅増益	69	浮上	76
15	黒字化	68	快走	61	大幅増益	68	続落	62	増勢	63

（出所）『会社四季報』2024年2集春号

り、ここから先、株価が上昇するとしても、上値の余地はあまりないだろうと判断できる。

　また、私の場合、業種別に色分けをして、注目した銘柄に付箋をしている。たとえば化学セクターなら青の付箋という具合に決めて、面白そうな銘柄を見つけたら付箋をしていくのだが、過去の会社四季報を並べて付箋の付け具合を眺めると、何となくどの業種の付箋が増えているのか、逆に減っているのかが視覚でわかる。青い付箋が増えていれば、化学セクターが徐々に盛り返している証拠だし、付箋が減っていれば、そのセクターの業績が徐々に悪化していることが見て取れる。

　本書は、「会社四季報は株式投資のバイブル」という前提で書いているが、実は投資家だけの本ではないと思っている。

筆者は業種別に色分けして付箋を貼りながらチェックする

経済は常に流転している。常に一定の状態が続くことはなく、好景気の時があれば不景気の時があり、それが一定のサイクルで繰り返される。そのサイクルのなかで、次にどのセクターの景気が良くなるのか、あるいは悪くなるのかについては、会社四季報を見ていればわかる。

もし自分が、たとえば素材メーカーで働いているとしたら、自分の会社に関する記述はもちろんのこと、同業他社が今、どういう状況にあるのかをチェックするだろう。それも会社四季報が発売される3カ月に1回、必ずチェックする。

私は2009年から2024年まで、15年間にわたって会社四季報を隅から隅まで読んできた。15年で毎年4冊だから、ざっと60冊に目を通してきたことになるが、それによって、この15年間の日本経済の変化を、長編ドラマを見るかのようにウォッチし続けてきたことになる。正直、**会社四季報さえ読み続けていれば、下手な経済の解説書など読む以上に、日本経済の動向には詳しくなれるはずだし、それは投資家だけでなく、現場で働いているビジネスパーソンにとっても、大いに役立つはずだ。**

プロは案外会社四季報を読んでいない

機関投資家営業2部時代、私は文字通り、機関投資家を相手に商売をしていた。機関投資家とは、人から預かった資金を運用して増やすことを仕事としている人たちのことだが、そういう人たちに対して、さまざまな投資情報を提供することによって、野村證券に株式の注文を発注してもらえるようにするのが、私たちの仕事だ。

当然、さまざまな機関投資家と日々、コミュニケーションを取るようになるのだが、その時、気付いたのは、案外、機関投資家で会社四季報を熟読している人は少ないということだ。

これはある意味、個人投資家にとっては強みと言っても良いかもしれない。

機関投資家のファンドマネジャーは、自分が担当しているセクターについては、セールスよりも詳しいのが当然だ。何しろお客さんから預かっている大事な資産を運用しているわけだし、一方でセールスが言うことといえば、自分が属している証券会社のアナリストから聞いた情報を、そのまま伝えているだけだったりする。

しかし、機関投資家からすれば、そのようなセールスからもたらされる情報には何の付加価値もない。なぜなら、自分から直接、証券会社のアナリストに話を聞くことができるし、そのアナリストが書いたレポートを読めば十分だからだ。

その代わり、といっては何だが、機関投資家はなぜか会社四季報を読まない。読まなくても、証券会社のアナリストが情報をもたらしてくれるからだが、だからこそ私たちが会社四季報に記載されている情報を元にレポートを作成して配布すると、重宝がってくれた。アナリストがカバーしていない中小型企業の情報は特に、である。

もちろん私がかつて働いていた野村證券にも、中小型企業を専門に分析するアナリストはいた。とはいえ、中小型企業なんて山のようにある。だから、一社ずつ会社の中身を詳細にチェックして分析するところまでは手が回らず、一定のスクリーニング基準で機械的に注目銘柄を抽出しているケースが大半だ。

当時、アナリストがカバーしている企業数といえば300社から400社が関の山だったが、会社四季報には3000社を超える企業の情報が掲載されている。

ということは、アナリストが企業訪問をし、経営者や財務担当役員などにインタビューをしたうえで書かれているレポートは、全上場企業のうち10分の1にも満たないことになる。そこで、その10分の1以外の企業に関する情報を、四季報ベースで伝えるだけでも、多くの機関投資家が喜んでくれたのである。

つまり**会社四季報に掲載されている情報に精通すれば、個人投資家でも機関投資家に十分伍して戦える情報を持つことができる**のだ。

ちなみに私の今の立ち位置は、「エコノミスト」ということになっている。エコノミストとは、どちらかというとマクロ経済分析といって、国内外の景気、金融市場の動向などについて情報を集め、分析するのが本分であり、個別企業の分析をする人はほぼいないといって良い。そのエコノミストである私が個別企業分析も行えるのは、ひとえに会社四季報を熟読しているからだ。

過去のデータの蓄積で直観を養う

株式投資をする際には、もちろん企業業績や財務を分析して良い銘柄を発掘する目を持つことは大事だが、同時に直観も養ったほうが良い。

どういう直観かというと、「これはいける」、「これは危険」を見極めるための直観だ。

この直観を、多くの人は特定の人が持っている超能力的なものと思っているようだが、それは恐らく違う。誰でも、養おうと思えば養える類のものではないだろうか。というのも、直観とは過去のデータの積み重ねによって身に付くものだからだ。

人間の脳は、一種のパターン・レコグニション・アルゴリズムである。つまり、パターンを識別して認識するようにできている。過去の情報の積み重ねのなかからパターンを認識し、何か事態に直面した時、過去のパターンを探しに行って、これはいける、これは危ないというメッセージを、潜在意識に送っているのだ。だから、「私は直観が弱くて……」などと言う人もいるが、これは持って生まれた特性ではなく、単に情報のインプット量が少ないだけなのである。

この直観は、株式に投資するうえでは必要な要素といって良い。この会社には投資できる、いや今は止めておこうという判断は、株式に投資する限り常について回る。この判断を誤ると、損失を被ることになる。儲かる投資家になるためには、直観がとても大事なのだ。

機関投資家営業2部で3カ月おきに行っていた、会社四季報を読んで推奨銘柄を挙げるゲームの良さは、3カ月に1度、必ず会社四季報を読まなければならない点にある。3カ月に1度、会社四季報すべてに目を通す。これを続けるだけで、たとえば今号で「この銘柄は面白そうだな」と思った銘柄は、恐らく10年前にも会社四季報を読んで似たような銘柄があって、その後株価が大きく上がった銘柄だったりする。

なぜそういう現象が起きるのかを説明するのは難しい。でも、実際にそういうことが起こるのだ。それこそが、会社四季報を3カ月に1度、購入して読み続けることの価値だと思う。

とはいえ、日々多忙を極めるビジネスパーソンにとって、総ページ数が2000ページを超える会社四季報の掲載情報を全部、読むのは至難の業かもしれない。

そういう時には、たとえば**自分が働いている企業の業種、あるいは興味がある企業があったら、その前後20ページくらいまでに目を通すだけでも良い**。会社四季報に掲載されている企業は、個別銘柄に付いている4ケタの数字、いわゆる証券コード順になっているが、この証券コードシステムは、特定企業の前後に関連性の強い企業を配置する傾向がある。

具体的には、競合他社であったり、その企業のサプライヤーだったりする。したがって、特定の企業の前後20ページに目を通し続けていると、徐々にその企業の競合他社取引先の状況も含めて流れが見えるようになる。それを3カ月ごとに繰り返すことで、直観が芽生えてくるのだ。

この直観を一度自分の中に身に付けてしまえば、それは金の卵を産むニワトリを飼っているのと同じである。これに相場観を養えば、もう怖いものはない。

よく「カリスマ投資家」などと言って、それこそ100万円から株式投資を始めて、それを1億円にしたというサクセスストーリーを耳にすることがあるが、あれは天賦の才というよりも、かなり後天的な要素のほうが多いはずだ。大きな損をしたとしても、そこで諦めてしまうのではなく、さまざまな試行錯誤を繰り返す努力によって経験、体験を積み重ねるからこそ、カリスマになれるのだ。

時々、株式のインサイダー取引で誰が逮捕されたというニュースを見聞きすることがある。あのニュースを見聞きする度に、正直なところどうしてリターンに見合わないリスクを取ろうとするのか、不思議な気持ちになる。

私は以前、企業情報部というM&Aアドバイザリーの部署にいたからよくわかるが、株式のインサイダー取引で儲けられたとしても、せいぜい投資した金額に対して30%程度のリターンでしかない。100万円を投資したとすると、そのインサイダー取引で儲けられるのは、たったの30万円だ。その30万円のために人生を棒に振るのは、あまりにもつり合いが取れない。たとえ、1億円を投資して3000万円儲かったとしても同じである。インサイダー取引は泥棒をするのと同じで捕まったら人生が終わる。

その点、会社四季報を熟読して直観を養い、相場観を持てば、資金を3倍、5倍にするのは、いたって簡単なことだ。そのための方法を、次章以降ではしっかり説明していきたいと思う。

会社四季報の「アノマリー」は投資のチャンスを教えてくれる

直観に通じるところがあると思うのが、会社四季報の「アノマリー」だ。アノマリーとは、具体的な根拠がなく、理論的には説明できないけれども、一種の経験則として「あり」と思えることを言う。

たとえば本章の冒頭でも触れたが、見出しランキングにある言葉の大半がポジティブワードであれば「そろそろ天井かな」、逆にネガティブワードだらけだと「そろそろ大底を打つな」という判断につながる。

これは個別銘柄の記事に関しても言えることで、好材料に関するものがたくさん並んでいれば天井、悪材料に関するものがたくさんあれば大底だと判断できる。全部が全部、ネガティブワードになることはまずありえないが、会社四季報に書かれている記事内容がネガティブなことで埋め尽くされそうな時は大概、記者もポジティブなネタがなくて困っている状態なので、マーケットとしては悪材料の大半を織り込んでいると考えることができる。つまり投資するチャンスが来たということだ。大体、その3カ月後に発売される会社四季報の見出しランキングに、ポジティブワードが1個でも入ってくると、株式相場は底を打って上昇に転じているパターンが多い。

それ以外にも注目したいアノマリーはある。たとえば経営者が替わるとか、世代交代を示すようなキーワードがあった時は、その後から株価が上昇に転じるというパターンがある。

業務提携というワードにも注目したい。業務提携でより大きな企業と組んだりすると、その後でそれが資本提携につながるパターンがある。

特に上場企業でも小さい企業の場合、業務提携話もほとんど報道されることはないが、会社四季報には必ず掲載されている。そして、業務提携先が大きな企業だと、その先、資本提携はもとより、TOBされる可能性も高まってくる。TOBされれば大半の株価は値上がりするので、小さい企業が大きな企業と業務提携したという記事が会社四季報に掲載された時は、要注目だ。

「世界初」というワードにも注目しておきたい。世界初の技術、素材、サービスでも何でも良いが、とにかく世界初のワードを見つけたら、その銘柄をウォッチリストに入れておこう。その世界初がすぐにマネタイズされるとは限らないが、世界初の技術やサービスは後々、大化けする可能性を秘めている。

逆に、株価にとってネガティブなワードは、「値下げ」だろう。どの業界でも構わないが、このワードが1社でも現れると、その業界全体にとってあまり良くない状況になる。日本企業は大概、横並びなので、どこか1社が製品やサービスの値下げを行うと、同業他社も値下げに踏み切り、価格競争が激化する恐れがある。価格競争は消費者にとってプラスでも、企業からすれば利益の幅が削られて、業績の悪化につながる恐れがある。

こうしたアノマリーも、会社四季報を継続して読んでいるからこそわかることなのだ。

会社四季報を読んで得たこの15年間の気付き

前述のように私は15年間会社四季報を読み続けているが、特にこの10年間の変化が大きい。この10年間、会社四季報を読み続けて何を感じたのかを、本章の最後に加えておきたいと思う。

日本人はどうしても悲観的な見方をしたがる傾向があるが、**私に言わせれば、今の日本企業は、少なくとも投資家にとっては着実に良いほうに向かっている。**

この10年間、毎年4冊の会社四季報を読んでいて思うのは、すべての経営指標が上向きになっていることだ。利益率もそうだし、ROEもしかり。急速に上がってきているわけではない。本当にじわりじわりという感じだが、だからこそ定点観測を続けていないと、こうした小さな変化が見えにくい。

でも、会社四季報を継続的に読んでいると、その小さな変化に気付けるようになる。日本企業の利益率が上がり、ROEが改善されていくなかで、株価が上がらないはずがない。2024年3月に日経平均株価は過去最高値を更新して、一時は4万円に乗せたが、これは至極当然の話で、決してまぐれなんかではない。

しかも、東証プライム市場のPERは10年前からほとんど変わらず、16倍のままで推移している。10年前は東証プライム市場ではなく東証1部市場だったが、PERはほとんど変わらない。こうしたなか、この10年間で株式市場の時価総額が3倍に増えたのだから、それは企業の利益が3倍になったからだと簡単にわかる。

このようにして利益率が大幅に向上した背景には、もちろん企業努力もあるだろうし、ガバナンスも大きく改善したからと考えられる。

そして何よりも配当が増えた。多くの上場企業が配当性向を上げてきているので、それにともなって配当が増えて、配当利回りも上昇してきている。会社四季報を読んでいても、「記念配当」という文字が増えてきたし、「配当性向を30％に引き上げる」といった記事も目立つようになってきた。この手の言葉、文章が増えてくると、いよいよ日本企業も株主重視の経営スタンスを取るようになってきたことがわかる。こうした細かい点に気付けたのは、まさに会社四季報を読んでいたからだ。

そして、日本の株価が今後も上昇する可能性は、十分に高いと見ている。前述したように、ＰＥＲが16倍のまま、ほとんど上昇していないからだ。ちなみに日本の東証1部上場企業のＰＥＲは、かつてバブルピークの時、60倍を超えていた。現状、米国など諸外国の株式市場のＰＥＲが20倍前後であることを考えれば、国際的にもまだ日本の株価は割安であると判断できる。

第1章のポイント

- ☑四季報を定点観測し続けているうちに、小さな変化にも気付けるようになり、株価の先読みができる
- ☑四季報に掲載されている情報に精通すれば、個人投資家でも機関投資家とも戦える情報を持つことができる
- ☑今の日本企業は、投資家にとって着実に良いほうに向かっている

第2章

四季報の達人・
エミン流の実践投資術

割安＋クオリティ

会社四季報の具体的な読み方、活用法について説明する前に、私の投資手法について説明しておきたい。「こういう投資手法だから、会社四季報のこの部分を注目しているのだ」というように、関連づけて説明できると思うからだ。

投資手法は大きく2つに分けることができる。

1つ目は安いものを買って、高く売る。もう1つは高いものを買って、さらに高い株価で売る、というものだ。

前者を「バリュー投資」、後者を「グロース投資」と言う。

私は多くの人たちから「バリュー投資」に軸足を置くバリュー投資家だと思われているようだ。確かに、「エミンさんはバリュー投資家ですか？」と聞かれたら、「ええ、まあ」と答えるが、言葉を濁しているのは、完全なバリュー投資家ではないと、自分自身では思っているからだ。

私が考えるバリュー投資とは、株価が割安だけれども、クオリティが伴っていることが条件になる。

株式市場という場所は、ありとあらゆる情報が織り込まれたうえで株価が形成されると、実質的にどの企業の株価も、インフレ率程度、あるいはGDP成長率程度にしか値上がりしないことになる。

しかし、現実的にそのようなことには決してならない。インフレ率やGDP成長率以上に、めちゃくちゃに値上がりすることもあれば、大暴落することもある。

このようなことが現実に起こっているのは、株式市場のどこかに非効率性があるからだと考えられる。この**非効率性があるからこそ、投資家は株式投資で儲けることができる**のだ。そして、安いものを買って高く売る、あるいは高いものを買ってさらに高くなったところで売ることによって、個人を含む大勢の投資家は、株式投資で儲けることができる。

バリュー投資家、グロース投資家の代表的な人を紹介しておこう。

まずバリュー投資の代表選手は、何といってもウォーレン・バフェット氏だろう。長期的な観点で企業価値を計算し、株式市場で過小評価されている、割安なままで放置されている企業に投資して、株価が高くなるのをじっと待つという投資法だ。ウォーレン・バフェット氏はこの投資手法を忠実に続けて、世界で2番目、3番目の大金持ちになった。

一方、高く買って高く売るという投資手法を駆使して、日本はおろか世界でも最大級の投資家になったのは、ソフトバンクグループの孫正義会長だろう。孫会長の哲学は、高い成長が期待される企業であれば、たとえ株価が割高であったとしても果敢に投資する、というものだ。たとえ割高な株価で投資したとしても、さらに高い株価で売却できれば、十分にペイできる。

もちろん、このような投資法が極めてリスクの高いものであることを、孫会長は重々承知している。実際、孫会長がこれまで行ってきた投資のすべてが成功しているわけではなく、たとえば米国のシェアオフィス運営会社であるＷｅＷｏｒｋやグリーンシル・キャピタル、ワイヤーガードへの投資では大失敗をしている。特にＷｅＷｏｒｋの失敗では、１６０億ドルもの資金が灰燼に帰す結果となった。

１ドル＝１５０円で計算すると、１６０億ドルは2兆４０００億円にもなる。それを失う結果になっても孫会長が投資を止めようとしないのは、それ以上に大きく儲けているからだ。孫会長の投資の考え方は、10社に投資しているとして、そのうち9社が倒産したとしても、残り1社の投資で莫大な利益を挙げられれば、それで良いとする。1回の成功で9回の失敗をすべて取り返すというスタイルだ。

では、個人投資家にとってはバリュー投資とグロース投資のどちらが向いているのだろうか。

これは、どちらでも良い。

機関投資家の場合、おいそれと投資手法を切り替えるわけにはいかないが、個人はどちらを選んでも良いし、両方を併用しても構わない。自分に合う投資手法を選べば良いだろう。

どこまで下がるかを考える

米国の半導体大手企業にエヌビディアがある。株式投資をしている人、興味を持っている人なら耳にしたことのある企業名だと思う。

エヌビディアの株価は2024年6月10日現在で121・79ドルだが、これは10分の1分割をした後の株価だ。分割が行われる直前の株価は、1200ドルを超えていた。

チャートを見ると、同社の株価は2023年12月末を境に、一気に上昇トレンドへと移っていった。それ以前の株価は、分割後で50ドル前後だったから、今年に入ってからだけでもざっと2・5倍になっている。2022年10月には10ドル台だったので、まさにテンバガーを達成したわけだ。

正直、分割前の株価で400ドルを超えた時点で、私にとってエヌビディアは投資対象ではなかった。なぜなら、バリュー思考が強い私にとって、この株価は相当な割高だと判断したからだ。

でも、それでも投資するのがグロース投資家だ。グロース投資家は400ドルでも投資する。そして、あくまでも結果論になるが、その投資行動は正しかった。400ドルで投資しても1200ドルまで上昇余地があったからだ。

とはいえ、たまたまエヌビディアはそこまでの上昇余地があったから良かったものの、多くのグロース株は、どこが天井なのかわからないところがある。エヌビディアも、ひょっとしたら600ドルで天井を打ったかもしれないし、2000ドルくらいまで値上がりしたかもしれない。正直、グロース株は大きな値上がり益を期待できる魅力はあるが、値上がりしている時は、すでにさまざまな株価指標が、どこから見ても割高な水準に達しているので、いつ急落に転じるかわからない怖さがある。

その点、**バリュー投資家は一般的に、株価の足元を見る傾向が強い**。

私の場合、この銘柄に投資してどのくらい儲かるのか、というアップサイドに注目するのではなく、まずはダウンサイドリスクを慎重に見極めるようにしている。つまりどれだけ下げるのかを見るのだ。

たとえばリーマンショックの時、コロナショックの時、それぞれどこまでこの銘柄の株価は下げたのかをチェックして、今の株価水準から同じようなショックが起こった時、どこまで株価が下がるのかを想定したうえで、投資するかどうかを決めるようにしている。

株式投資は宝くじを買うようなものではない。宝くじは単なる遊びで、当選する確率は極めて低く、期待値もマイナスだが、万が一、当選した時に何を買うか、何をするかといった夢を考えて満足するものである。

でも、株式投資は遊びとは違う。真面目に自分の資産を増やすための経済行為だ。1回買って、オール・オア・ナッシングのいずれかという一過性のものではなく、企業が存続する限りにおいて、株価が上がったり、下がったりを繰り返しながら、ずっと継続していく。投資した後、大きく下げたとしても、保有し続けていれば再び上昇基調になり、逆に大きな値上がり益を獲得できることもある。

しかし、大きく下げた時に売ってしまうと、実損を出して終わりだ。下げた後の上昇基調に乗って利益を得るためには、下げた時でも保有し続けられるだけの握力を持つ必要がある。

そのためには、前述したように過去のショックでどこまで下げたのかを把握しておき、実際にそのような下落局面に直面しても焦らない気持ちを、どこかに持っておかなければならない。だから、株式投資をするに際しては、まずどこまで下がる可能性があるのかを見ておかなければならない。

クオリティの判断基準

企業のクオリティは、「業績」と「財務」に現れる。業績はＰＬ（損益計算書）に表示され、財務はＢＳ（貸借対照表）に表示される。財務諸表のうち、この2つにまずは着目する。

業績は黒字であることが大前提ではあるが、赤字だとしてもそれが一時的なものであり、短期間のうちに持ち直す可能性が高いと判断できるのであれば、特に問題はないと考える。

また、営業収支が黒字だったとしても、倒産する企業もある。なぜなら資金繰りに問題があるからだ。

企業の資金繰りはもう1つの財務諸表である「キャッシュフロー計算書」に表示される。キャッシュフローには「営業活動によるキャッシュフロー」、「投資活動によるキャッシュフロー」、「財務活動によるキャッシュフロー」という3つのキャッシュフローがあるが、特に重視したいのは「営業活動によるキャッシュフロー」だ。

たとえ営業収支や経常収支が黒字の企業でも、営業活動によるキャッシュフローが極端なマイナスだと、その企業はいずれ資金繰りに窮して、倒産するリスクが高まってしまう。なので、営業収支や経常収支の黒字とともに、営業活動によるキャッシュフローがプラスであるかどうかも、併せてチェックする必要がある。

そのうえで財務をチェックするために貸借対照表を見る。貸借対照表で大事なのは、「自己資本比率」だ。できれば、自己資本比率は70％以上欲しいところだが、50％以上あれば一応、許容範囲とみなす。

詳しい会社四季報の見方については後述するので、本章ではあくまでもざっくりとした判断基準を述べていくが、投資するには、やはりキャッシュリッチな企業が望ましいと考えている。別に借金ゼロを求めるつもりはないが、有利子負債はできるだけ少ないほうが良いだろう。

日本企業は総じて、有利子負債の額に比べて現金を多く持っているケースが、案外多い。なかには時価総額以上の現金を資産として保有している企業もあるくらいだ。

このような企業のことを、私は「タダ銘柄」と言っている。保有している現金の額が、その企業の時価総額を上回っているということは、その企業が事業によって生み出す付加価値が全く評価されていないのと同じだからだ。

えてして、この手の銘柄は万年バリュー株になる恐れがあり、バリュー投資家もなかなか手を出しにくい面はあるが、それでも私は企業次第で投資する意味はあると考えている。

と同時に、企業の付加価値が全く評価されていない株価は、ダウンサイドリスクがほとんどない、とも言える。

でも、何か材料が出れば、株価は跳ね上がる可能性もある。

物凄く儲かるという期待はできないが、そもそも損をすることはないだろうし、何かの拍子にちょっと儲かる可能性がある銘柄は、私にとっては結構おいしかったりする。この手の銘柄をある程度、ポートフォリオに組み入れておけば、**ダウンサイドリスクをある程度、限定させながら、「あわよくば」のリターンを狙うことができる。**

さて、有利子負債が少ない企業の株価について、過去の事例を挙げて見てみたい。

たとえばメディキット（７７４９）。人工透析などに用いる針で国内トップシェアを持つ企業だが、株価は乱高下しながらも着実に伸びている。会社四季報に付箋を貼ってあるから、ざっと見て注目したのだが、その理由は、有利子負債がゼロだということだ。自己資本比率は実に88・3％もある。

ほとんどと言って良いほど株価が動いていないものの、営業キャッシュフローや配当利回りの面で注目している銘柄もある。非常に地味な企業で、東陽倉庫（9306）がそれだ。株価は若干、下値を切り上げているように見えるが、2017年以降、下値は1150円、上値は1950円のボックス圏で推移している。この企業は168億4800万円の有利子負債を抱えているが、自己資本比率が50・8％もある。営業活動によるキャッシュフローは26億5100万円を確保しており、資金繰りは悪くない。このように、財務面で安心して投資できるのが、クオリティ・バリュー銘柄の最低条件だ。

そのうえ、私が銘柄を選ぶ基準の1つであるPSRが1倍を割っているのが注目ポイントだ。この企業の場合にPSRは0・3倍前後である。

ＰＳＲを深掘りする

ＰＥＲやＰＢＲはよく聞く株価指標でも、ＰＳＲはあまり聞いたことがないかもしれない。

ＰＳＲはPrice to Sales Ratio の略で、日本語では「株価売上高倍率」と訳される。計算式は次のとおりだ。

ＰＳＲ＝時価総額（株価×発行済株式数）÷売上高

キモは時価総額を売上高で割っていることだ。

たとえばＰＥＲ。株価収益率は、時価総額（株価）を純利益（1株あたり純利益）で割って求められる。ということは、その企業の業績が赤字だったりすると、ＰＥＲは算出不可能だ。これでは株価の割安、割高を推測するための指標が、ＰＢＲだけになってしまう。

実はＰＳＲが注目されるようになったのは、昨今、利益だけで割安かどうかを測るのが難しい企業が増えてきたからだ。

代表的なのはベンチャー企業だ。ベンチャー企業は成長が命といっても良い。利益が赤字でも、積極的に投資を行い、シェアを取りに行く。こうしたベンチャー企業の株価を評価する場合、ＰＥＲでは測れないので、利益の代わりに売上高を用いたＰＳＲで見るようにするのだ。

実は、私がM&Aアドバイザリーをやっていた時に、株価の割高、割安を測る時、ＰＥＲよりもＰＳＲを重視していたことを白状しよう。

見方は簡単で、前出の計算式でＰＳＲが1倍を割り込んでいれば割安と考える。

同じように1倍割れを割安とみなす株価指標にはＰＢＲがあり、特に２０２３年の株式市場では、ＰＢＲ1倍割れの企業が大いに物色された。そのためＰＢＲ1倍割れを意識する投資家は少なくないと思うが、ＰＳＲ1倍割れを意識している投資家はあまりいない。そのため、日本企業のなかには、ＰＳＲが1倍を割り込んでいるものがまだ結構、残されている。

たとえば眼鏡屋さんのパリミキホールディングス（７４５５）だが、時価総額は２３７億円であるのに対し、売上高は２０２５年3月期予想で５１４億円もある。ということは、前出の計算式に当てはめると、ＰＳＲは０・46倍だ。自己資本比率は73・６％

で、現金同等物が104億円もある。しかも有利子負債はたったの17億9700万円だから、86億円以上もネットキャッシュを持っていることになる。財務健全性はピカピカだ。

株価は2023年までほとんど上がることなく、底這いの状態が長らく続いたが、2023年に入ってから一気に評価が高まり、株価が上昇した。

正直、株価が全く上がらない時から、この銘柄は面白いと思っていた。とにかくPSRで見ると割安過ぎる銘柄だったからだ。

株価が上昇した理由は、いろいろ考えられる。サングラスが想定していた以上によく売れて業績が続伸したとか、広告費が縮

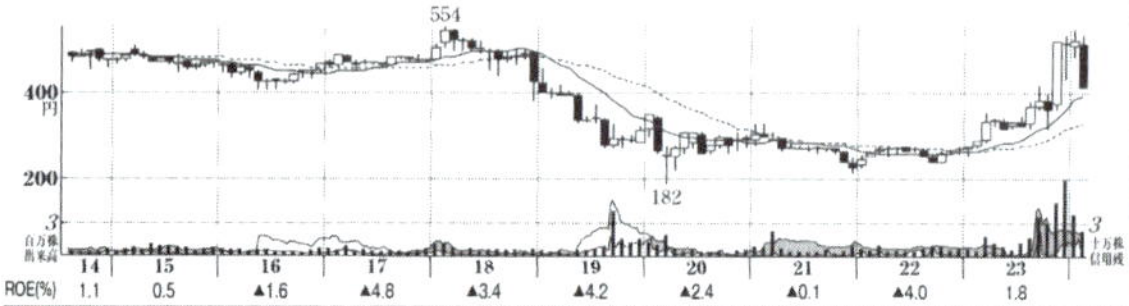

株価指標

予想PER	（倍）
〈24.3〉	12.7
〈25.3〉	11.9
実績PER	
高値平均	35.9
安値平均	23.8
PBR	0.73
株価(2/26)	423円
最低購入額	4万2300円

【小売業】 ➡前号並み 😊会社比強気

7455 (株)パリミキホールディングス

【決算】3月 【設立】1950.1 【上場】1995.8

【特色】眼鏡専門店チェーン大手。7人会社に百貨店向け金鳳堂。海外は中国軸に展開。利益は上期偏重
【連結事業】フレーム30、レンズ43、サングラス6、コンタクトレンズ・備品1、補聴器14、他6 【海外】12〈23・3〉

【続　伸】店舗数は純減8程度（前期12減）。既存店はサングラス人気継続、単価上昇。広告費縮み営業益急回復。25年3月期は店舗数今期並み程度。が、インバウンドの回復もあり高単価品中心に好調。海外浮上。増収効果で営業益続伸。増配余地。

【アピール】インバウンドに対してはサングラスだけでなく度付き眼鏡の販売も強化。景気厳しい中国は不振店閉店優先。

年月【資本異動】		万株
97. 4	分1→1.1	2,969
98. 4	分1→1.2	3,563
99. 5	分1→1.1	3,920
00. 5	分1→1.3	5,096
01. 5	分1→1.1	5,605

東証S	高値	安値
95~21	10210(99)	182(20)
22	277(3)	226(1)
23	537(12)	252(1)

	高値	安値	出来万株
23.12	537	431	692
24. 1	548	481	383
#2	532	414	247

【生産性比較】従業員数▲377人
1人当り営業利益27万円（3.10倍）
【グループ採用】初20.7万円
予65 内定38（女20）中途7
【業種】他消費財小売り
時価総額順位　41／111社
【比較会社】3046 ジンズHD，9854 愛眼，5889 アイウェア

【株式】1/31　56,057千株
単位 100株　貸借　優待
時価総額　237億円

【財務】〈連23.12〉	百万円
総資産	39,873
自己資本	29,341
自己資本比率	73.6%
資本金	5,901
利益剰余金	24,168
有利子負債	1,797

【指標等】	〈連23.3〉	
ROE	1.8%	予5.8%
ROA	1.3%	予4.3%
調整1株益		―円
最高純益(02.3)		8,185
設備投資	2,167	予2,594
減価償却	798	予‥
研究開発	71	予‥

【キャッシュフロー】	百万円
営業CF	2,608（1,512）
投資CF	▲1,776（330）
財務CF	▲487（▲3,518）
現金同等物	10,408（9,776）

【株主】単12,840名〈23.9〉	万株
(株)ルネット	2,139(38.1)
BNPパリバ(ミラン)ジャスデックルックスオティカ	600(10.7)
自社(自己株口)	525(9.3)
多根幹雄	261(4.6)
自社社員持株会	250(4.4)
日本マスター信託口	135(2.4)
SMBC信託銀行特定有価証券信託口	112(2.0)
(株)ベテルギウス	90(1.6)
多根伸彦	72(1.2)
多根直槻	56(1.0)
〈外国〉12.3% 〈浮動株〉9.0%	
〈投信〉0.9% 〈特定株〉75.9%	

【役員】(会)多根幹雄 (社)澤田将広 (副社)中尾文彦 (取)岩本章子* 仁野覚* (常監)永田俊郎 (監)西村善朗* 佐田俊樹*

【連結】パリミキ，金鳳堂，グレート

【業績】(百万円)	売上高	営業利益	経常利益	純利益	1株益(円)	1株配(円)
連21. 3	43,873	▲180	613	▲39	▲0.8	6
連22. 3	44,092	▲500	175	▲1,108	▲21.8	6
連23. 3	47,400	732	1,206	501	9.9	6
連24. 3予	49,500	2,000	2,500	1,700	33.4	6
連25. 3予	51,400	2,200	2,700	1,800	35.4	6~7
連23.4~9	25,220	1,578	2,068	1,518	29.9	3
連24.4~9予	26,000	1,600	2,100	1,540	30.3	3
連22.4~12	36,013	704	839	349	6.9	
連23.4~12	37,909	2,018	2,447	1,729	34.0	
会24. 3予	49,400	1,800	2,310	1,615	(23.11.8発表)	

【配当】	配当金(円)
22. 3	3
22. 9	3
23. 3	3
23. 9	3
24. 3予	3
24. 9予	3
25. 3予	3~4
予想配当利回り	1.42%
1株純資産(円)〈連23.12〉	577.0（542.7）

【本社】108-0075東京都港区港南1-6-31
品川東急ビル　☎03-6432-0711
【グループ店舗】北海道・東北44，関東181，中部・近畿254，中国78，四国39，九州・沖縄42，海外103　計741
【従業員】〈23.12〉連2,602名 単25名(48.5歳)年553万円
【証券】上東京S 幹(主)日興(副)大和，三菱Uモル，野村 名みずほ信 監EY新日本
【銀行】三井住友，三菱U，みずほ
【仕入先】HOLTジャパン
【販売先】一般消費者

（出所）『会社四季報』2024年2集春号

小されて営業利益が回復したとか、インバウンド需要期待などが会社四季報の記事欄にも書かれているが、この銘柄に関しては、これらの材料うんぬんよりも、PSRから見て株価が非常に割安だという点だ。

他の銘柄も見てみよう。

自動車用アンテナで国内大手企業であるヨコオ（6800）を取り上げる。株価チャートを見ると、2021年2月3日に3530円を付けた後、ひたすら下げている。2023年10月31日には、1206円まで下げた。

このチャートを見る限り、投資したいとはなかなか思えないのではないだろうか。

でも、PSRは0・5倍と割安だ。自己資本比率は64%で、有利子負債が122億

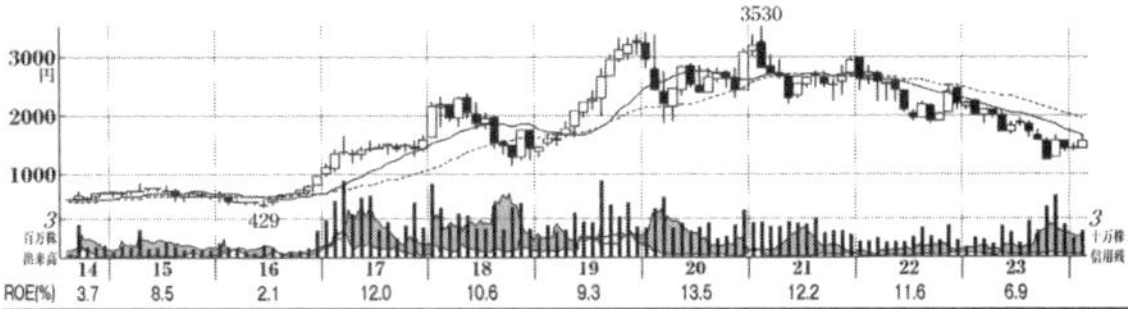

株価指標	
予想PER	(倍)
〈24.3〉	26.7
〈25.3〉	21.4
実績PER	
高値平均	17.8
安値平均	11.7
PBR	0.78
株価(2/26)	1604円
最低購入額	16万400円

【電気機器】 ↑↑大幅増額

6800 (株) ヨコオ

【決算】3月 【設立】1951.6 【上場】1962.10

【特色】自動車用アンテナ国内大手。半導体・スマホ用の回路検査機器が収益源。医療用カテーテル育成

【連結事業】車載通信機器60(▲5)、回路検査用コネクタ29(28)、無線通信機器12(7)、他一(一)【海外】76〈23・3〉

【上向く】半導体検査用の需要減響く。ただアンテナ数量増・物流費減で前号より営業減益幅縮小。創業100周年配剥落。25年3月期はアンテナ堅調。半導体検査用も需要底入れし部門黒字化。研究開発費こなし営業益向上。為替差益見込まず。増配か。

【半導体検査用】製造原価低減へマレーシア、ベトナム生産にシフト。高周波の弾性波フィルター検査用を有望分野として育成。

年月【資本異動】		万株
85.10	公200万株(791円)	1,200
86. 5	無1:0.2	1,440
87. 5	無1:0.15	1,656

東証P	高値	安値
62~21	4250(00)	45(65)
22	3000(1)	1872(9)
23	2305(2)	1206(10)

	高値	安値	出来万株
23.12	1583	1384	256
24. 1	1500	1385	149
#2	1660	1409	218

【生産性比較】従業員数+377人
1人当り営業利益57万円(1.44倍)
【採用】初23.7万円
予34 院卒22(女4) 中途23
【業種】自動車部品
時価総額順位 53／122社
【比較会社】6855 日本電子材, 6904 原田工業, 7747 朝日インテ

【株式】1/31 23,849千株
単位 100株 貸借
時価総額 382億円
【財務】〈連23.12〉百万円
総資産 75,091
自己資本 48,073
自己資本比率 64.0%
資本金 7,819
利益剰余金 27,870
有利子負債 12,200
【指標等】〈連23.3〉
ROE 6.9% 予2.9%
ROA 4.5% 予1.9%
調整1株益 一円
最高純益(22.3) 4,663
設備投資 5,448 予4,300
減価償却 3,833 予3,530
研究開発 4,366 予 ‥
【キャッシュフロー】百万円
営業CF 7,312(3,677)
投資CF ▲5,857(▲5,967)
財務CF 1,531(171)
現金同等物 17,687(13,816)

【株主】単5,381名〈23.9〉	万株
日本マスター信託口	335(14.0)
日本カストディ信託口	168(7.0)
群馬銀行	99(4.1)
自社取引先持株会	81(3.4)
三菱UFJ信託銀行	59(2.4)
自社(自己株口)	53(2.2)
第一生命保険	45(1.8)
三菱UFJ銀行	44(1.8)
りそな銀行	44(1.8)
自社株投資会	43(1.8)

〈外国〉24.1% 〈浮動株〉10.2%
〈投信〉13.1% 〈特定株〉42.8%

【役員】(代取)徳間孝之 (取)深川浩一 横尾健司 小谷直仁 村松邦子* 戸張眞* 姜秉祐* (常監)蒲地謙児 (監)栃木敏明* 角田尚夫* 米田惠美*

【連結】東莞友華汽車, ヨコオマレーシア

【業績】(百万円)	売上高	営業利益	経常利益	純利益	1株益(円)	1株配(円)
連21. 3	59,976	5,179	5,320	3,818	184.6	36
連22. 3	66,848	4,684	6,529	4,663	202.3	40
連23. 3	77,962	4,739	5,675	3,147	135.0	50記
連24. 3予	76,000	1,000	2,400	1,400	60.1	44
連25. 3予	79,500	3,000	3,000	1,750	75.1	44~50
連23.4~9	36,794	▲120	1,701	958	41.1	22
連24.4~9予	39,000	1,200	1,200	700	30.0	22~25
連22.4~12	60,278	5,100	6,619	4,422	189.7	
連23.4~12	57,104	747	1,764	963	41.4	
会24. 3予	76,000	1,000	2,400	1,400	(24.2.8発表)	

【配当】	配当金(円)
22. 3	22
22. 9	25
23. 3	25
23. 9	22
24. 3予	22
24. 9予	22~25
25. 3予	22~25
予想配当利回り	2.74%
1株純資産(円)〈連23.12〉	2,062 (2,023)

【本社】101-0041東京都千代田区神田須田町1-25 JR神田万世橋ビル ☎03-3916-3111
【営業所】大阪☎06-7635-3800, 中部☎0532-33-2238
【工場】富岡☎0274-62-2121
【従業員】〈23.12〉連10,394名 単970名(40.7歳)年751万円
【証券】上東京P 幹日興, みずほ 名三菱U信 監あずさ
【銀行】群馬, 三菱U, みずほ, りそな, 三菱U信
【仕入先】一
【販売先】一

（出所）『会社四季報』2024年2集春号

円あるが、現金同等物が176億円もあるので、ネットキャッシュが54億円にもなる。実質的に無借金経営である。しかも営業キャッシュフローは73億1200万円の黒字だ。

すでに株価は動意づいていて、2024年に入ってからは上昇基調だ。記事の内容もポジティブで、株価はそれを反映しているように思えるが、いずれ高値にチャレンジする場面があるのかどうか、様子を見ておきたい。

もちろん、この手の割安銘柄は万年バリュー状態に陥る恐れはある。が、ポイントは、株価が下がりにくいことだ。そして、株価が動意づくまでには、相当の時間を要することも理解しておく必要がある。下手をしたら1年、2年持ち続けていても、株価が上がらないことも起こりうる。

そのため、多くの投資家はこの手の銘柄に投資しようとは思わないだろうし、仮に投資したとしても、途中でしびれを切らしてしまい、売却してしまうケースが結構多い。現実問題、他の投資家がたとえば半導体関連銘柄に投資して、投資資金を何倍にも増やしているなかで、自分の銘柄はといえば、ほとんど株価が上がらず、いつ上がるのかもわからないという状態で、持ち続けなければならないからだ。

したがって、**クオリティ・バリュー銘柄に投資する場合は、「短期の爆上げは絶対に期待できない」と割り切って、とにかく持ち続けることしかない。**

特に財務内容の良い企業であれば、たとえ株価が下落したとしても、倒産するようなことにはならないので、いつか再び注目される局面が来ることを期待して、ただひたすら持ち続けるのだ。

逆張り投資の注意点

こうしたクオリティ・バリュー投資の考え方は、ある意味、逆張り投資に近いところがあるかもしれない。

したがって、実際に投資する際に注目している材料は、逆張り投資のそれとほぼ同じだ。では、今が投資のチャンスなのかどうかを判断するにあたって、何を材料に見ているのかを説明しておこう。

実は、その答えは会社四季報に出ている。

これは先にも簡単に触れていたことだが、株価が下落トレンドのなかで、会社四季報に書かれている記事の内容が大半、ネガティブ・ワードで溢れていたら、これはもう陰の極にあると思って間違いない。ほぼ間違いなく買いだ。

その際、会社四季報の業績欄に掲載されている業績予想で、何か底打ちが期待される数字があり、かつ会社四季報に掲載されている月足の株価チャートを見た時、ずっと陰線が連なっているなかでポンと1本だけ陽線が立つような場面があったら、これは要注目だ。これだけで買いの材料にするのはいささか弱いが、その後にローソク足が移動平均線の上に出てくるようなことがあれば、買いのシグナルと判断できる。

会社四季報の良さは、二期分の業績予想が掲載されていることだ。

「記者予想なんて正確なはずがない」といった批判もあるとは思う。確かに、二期先の業績を予想するのは難しく、したがって予想通りの業績にならないこともしばしばあるが、それでも銘柄を選ぶ際の材料の1つであることには変わらない。とにかく、会社四季報に掲載されているデータ、記事の大半がポジティブになれば天井が近いし、ネガティブになれば大底が近いと判断できる。これは、逆張りで投資する際には、大いに参考になるはずだ。

ただし、**逆張りで注意しなければならないのは、債務とキャッシュフローだ**。自己資本比率が極めて低い、有利子負債の額が大きい、債務超過に陥りそう、キャッシュフローが回っていない、といった事象のうち、いずれか1つでも会社四季報で確認できる場合には、そもそも論として投資するべきではないと考えている。

テーマで買う

PSRが1倍割れの割安株だからといって、業績に難があるとも限らない。

たとえば明電舎（6508）。業績を見ると増益が続いていて、売上高もきちんと伸びている。

2025年3月期の業績予想を見ると、売上高は2950億円もあるが、時価総額は1141億円しかない。自己資本比率は36・4％とかなり低いが、PSRは0・4倍程度とかなり割安だ。

とはいえ、私自身のクオリティという点で考えると、正直、明電舎はクオリティの高いバリュー銘柄には入らない。理由は、自己資本比率が低いからだ。理想を言えば、自己資本比率は70％以上欲しいところだが、現実的なところで50％でも妥協はできる。そういう程度のものではあるが、明電舎の場合、自己資本比率が36・4％なので、正直なところを言えば、私の投資する条件には見合わない。

　それでも明電舎に注目したのは、テーマだ。明電舎は発電・変電・制御装置の会社だが、今、インドでの再生エネルギー関連案件が急拡大している。つまりインド関連といっても良い。私が言うところのクオリティ割安銘柄には入らないが、これから経済の成長が期待されるインド関連という点で、いささかリスクはあるけれども注目したいと考えている。

　テーマという話が出たついでに申し上げると、**会社四季報はテーマ株の投資にはとても向いている媒体**といっても良いだろう。

　紙版の会社四季報だけではなく「四季報

【電気機器】

⬆前号比増額

6508
(株)明《めい》電《でん》舎《しゃ》

【決算】3月
【設立】1917.6
【上場】1949.5

【特色】1897年発祥、重電5位。発電・変電・制御装置。水処理関連設備に強み。EV向けモーターも
【連結事業】電力インフラ22(▲1)、社会システム32(3)、産業電子モビリティ28(2)、フィールドエンジ14(13)、不動産他5(8)【海外】27〈23・3〉

【上振れ】半導体市況悪化で電子機器が苦戦。工事遅れでインフラ鈍い。が、保守サービス堅調。柱の電力が海外中心に想定以上で営業益上振れ。土地売却特益。増配か。25年3月期も国内外電力インフラが牽引。
【電化】インドで再生エネルギー関連案件が急拡大。太陽光発電など向けに変圧器等投入し需要取り込む。コマツのミニ建機向けに電装品納入開始。電動化対応加速。

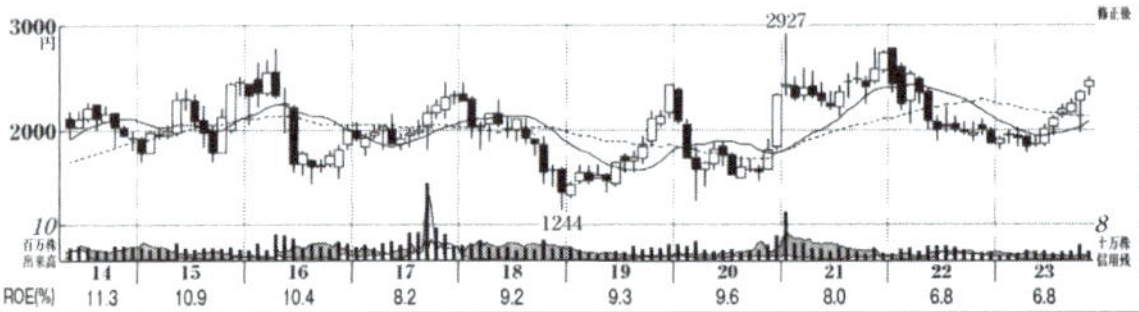

株価指標
予想PER　(倍)
〈24.3〉　11.4
〈25.3〉　12.6
実績PER
高値平均　17.7
安値平均　11.5
PBR　1.03
株価(11/27)　2508円
最低購入額　25万800円

年月	【資本異動】	万株
62.12	有3:1	14,400
87. 5	無1:0.05	18,968
03. 4	合併	24,625
05. 9	消却	22,763
18.10	併5→1	4,552

東証P	高値	安値
49~21	**2927**(21)	**15**(50)
22	2789(1)	1858(12)
23.1~11	2541(11)	1784(4)

	高値	安値	出来万株
23. 9	2289	2154	267
10	2387	**1955**	441
#11	**2541**	2329	304

【DOE】2.1%(3期平均2.2%)
【増減配回数】増6 減1 据3 無0
【四半期進捗率】3期平均▲42.9%
今期▲21.5%(+21.4pt)
【業種】設備機器・部品
時価総額順位 21／115社
【比較会社】6501 日立製作所, 6502 東芝, 6504 富士電機

【株式】10/31 45,527千株
単位 100株 貸借
時価総額 1,141億円
【財務】〈連23.9〉 百万円
総資産 304,510
自己資本 110,915
自己資本比率 36.4%
資本金 17,070
利益剰余金 66,954
有利子負債 48,601
【指標等】〈連23.3〉
ROE 6.8% 予9.0%
ROA 2.3% 予3.3%
調整1株益 ー円
最高純益(20.3) 8,208
設備投資 123億 予113億
減価償却 103億 予103億
研究開発 102億 予107億
【キャッシュフロー】 億円
営業CF 137(113)
投資CF ▲105(▲75)
財務CF ▲26(▲42)
現金同等物 141(132)

【株主】単10,200名〈23.9〉 万株
日本マスター信託口 436(9.5)
住友電気工業 263(5.7)
日本カストディ信託口 238(5.2)
三井住友銀行 224(4.9)
N E C 174(3.8)
三井住友信託銀行 150(3.2)
バンク・オブ・ニューヨーク・メロン140044 136(2.9)
自社従業員持株会 115(2.5)
住友生命保険 106(2.3)
ノーザントラストAVFCモンドリアン・スモールC 76(1.6)
〈外国〉25.8% 〈浮動株〉11.4%
〈投信〉6.2% 〈特定株〉42.7%
【役員】(取)三井田健 井上晃夫 竹川徳雄 岩尾雅之 竹中裕之* 安達博治* 木下学* (取監)加藤三千彦 林敬子* 黒田隆* 平木秀樹*
【連結】明電エンジニアリング

【業績】(百万円)	売上高	営業利益	経常利益	純利益	1株益(円)	1株配(円)
連19. 3*	245,033	10,336	10,128	7,653	168.7	45
連20. 3	255,748	12,725	11,481	8,208	180.9	50
連21. 3	231,254	8,384	8,465	7,303	161.0	48
連22. 3	255,046	9,468	10,206	6,733	148.4	50
連23. 3	272,578	8,539	8,823	7,128	157.1	50
連24. 3予	290,000	11,000	11,500	10,000	220.4	50~55
連25. 3予	295,000	13,000	13,000	9,000	198.4	50~60
連23.4~9	119,047	▲2,366	▲1,622	▲1,616	▲35.6	25
連24.4~9予	125,000	▲2,000	▲2,000	▲2,000	▲44.1	25~30
会24. 3予	290,000	11,000	11,500	10,000	(23.10.30発表)	

【配当】	配当金(円)
22. 3	25
22. 9	28
23. 3	22
23. 9	25
24. 3予	25~30
24. 9予	25~30
25. 3予	25~30
予想配当利回り	1.99%
1株純資産(円)〈連23. 9〉	2,445 (2,378)

【本社】141-6029東京都品川区大崎2-1-1 ThinkPark Tower ☎03-6420-8100
【支社】大阪, 名古屋【支店】札幌, 仙台, 金沢, 広島, 高松, 福岡, 横浜, さいたま, 静岡, 千葉, 新潟, 群馬【工場】沼津, 名古屋, 太田
【従業員】〈23.9〉連9,955名 単4,104名(43.3歳)年742万円
【証券】上東京P, 名古屋P 幹(主)日興(副)大和, 野村 名三井住友信 監あずさ【銀行】三井住友, 三井住友信, 三菱U, みずほ, 常陽
【仕入先】守谷商会, 瑞穂
【販売先】東京電力パワーグリッド, 東北電力

（出所）『会社四季報』2024年1集新春号

オンライン」を併用すれば、キーワード検索を用いて銘柄を抽出できる。しかも、あるキーワードについて検索した時、そのキーワードが会社四季報の記事に盛り込まれている数が伸びているかどうかもわかる。たとえば前号ではあまり掲載されていなかったキーワードが、今号ではかなり増えているとなれば、「このキーワードがブームになりつつあるのかも」という気付きにもつながっていく。

よく株式投資関連のサイトには、「人気テーマランキング」という欄があり、それを見れば今、株式市場で物色されているテーマが何かわかるが、逆に地味なテーマ、地味な企業の情報は、この手のネット情報にはなかなかピックされない。したがって、自分が意志を持って探そうとしないと、なかなか見つけることができない。こうした隠れたテーマ、隠れたキーワードを見つけるには、会社四季報は適している。

先ほど触れたように、インド関連は今でこそ注目テーマになっているが、私がインドに注目したのは、今から5、6年前のことだ。当時、インドはほとんど注目されていなかったが、たまたま関西ペイント（4613）の記事欄に「インド」というキーワードが登場したからだ。インドに工場をつくるという内容だった。

関西ペイントといえば、自動車塗料と建築用塗料の2つで売上の50％超を稼ぎ出している。経済が成長段階にあるインドは、これからさまざまなインフラを構築しなければならない。当然、建物もたくさん必要になる。だとしたら、建築用塗料で高い売上を持っている関西ペイントのインド進出は理に適っているし、ビジネスが大きく伸びる可能性を秘めている。実際、それから5年が経過した現在、関西ペイントにとってインドは、けん引役になっている。

バリュートラップを避けるためには

ある程度のクオリティを持っているバリュー銘柄でも、バリュートラップにはまり込んでしまい、株価が何年も横ばいになってしまうケースはある。さすがに、そこまで株価が上がらないのは、タイムパフォーマンスが良くないので、避けたほうが無難だろう。

ただ、問題なのはどうやって見分けるか、ということだ。

ポイントは、動きのあるビジネスを手掛けているかどうかだろう。ほとんど動きが期待できないようなビジネス領域を主軸にしているような企業は、ひとまず避けたほうが良い。

具体的には地方のスーパーマーケットだ。

もちろん、地方の小売チェーンのなかには、一地方からスタートして全国にチェーン展開していくドラッグストアもあるが、昔から地元で安定した顧客基盤を持っているものの、その地元を出て全国展開しようと考えていないようなスーパーマーケットは、いくら業績が安定していたとしても、成長には期待できない。

安定した顧客基盤があれば、売上も安定しているので、たとえば配当利回りが3％以上期待できるなら、配当狙いで投資対象になりうるが、純粋にキャピタルゲインを狙う投資には全くもって不向きだ。伸びが期待できない事業を主軸にしている企業は、いくら自己資本比率が高くて、ＰＳＲが割安に評価されているとしても、投資するべきではないだろう。

その意味では、**私が考えているクオリティ・バリュー株投資というのは、多少、グロースの要素も含まれている**。言うなればハイブリッド型の投資判断基準といっても良いだろう。たとえば景気循環でたまたま陰の極にあるとか、時価総額が小さすぎて誰も見向きもしてくれないとか、理由は何でも良いが、株価が割安で放置されていたとしても、何かきっかけひとつで株価が上昇に転じるような銘柄に投資する。前述したインドをテーマにした関西ペイントもそうだ。

また、ＰＲ ＴＩＭＥＳ（３９２２）もそうだ。この企業は、法人のプレスリリースの配信サイトを運営していて、株価自体は２０２１年１月19日の４８１５円をピークにして、下落トレンドが続き、２０２３年５月２日には１３１８円まで下落しているが、主力のプレスリリース配信が２ケタ成長に戻ると、会社四季報の記事に書かれている。２０２５年２月期の売上高は76億円もあり、主力ビジネスが２ケタ成長に回復。営業利益が19億円もあって、しかも有利子負債がゼロ。完全な無借金経営の企業だ。自己資本比率は82・９％もある。情報通信関連の企業なので、ＰＳＲは高めに出る傾向があり、この企業もご多分に漏れず、３倍程度あるものの、財務内容から考

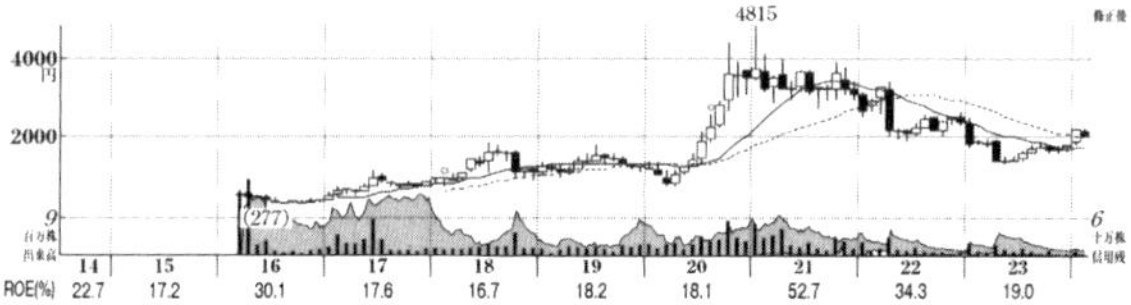

株価指標
予想PER (倍)
〈24.2〉 23.6
〈25.2〉 20.0
実績PER
高値平均 53.1
安値平均 21.5
PBR 4.76
株価(2/26) 1936円
最低購入額 19万3600円

【情報・通信】
↑前号比増額 😊会社比強気

3922 (株)ＰＲ ＴＩＭＥＳ
【特色】プレスリリース配信サイト「ＰＲ ＴＩＭＥＳ」を運営。原稿制作など関連サービスも手がける
【連結事業】プレスリリース配信100
【決算】2月
【設立】2005.12
【上場】2016.3

【続伸】25年2月期は主力のプレスリリース配信が続伸。関西支社と中部支社の新設も効く。買収したＳＮＳの運用代行子会社が通期寄与。タスク管理ツールも拡大。開発費、人件費、広告費の増加をこなす。

【積極広告】1～2月に全国テレビＣＭ。26年2月期営業益25億～35億円目標に向け認知度向上に注力。ＳＮＳ運用子会社に本体顧客を紹介し、広報ＰＲ支援でシナジー。〈23・2〉

【本社】107-0052東京都港区赤坂1-11-44 赤坂インターシティ ☎03-5770-7888
【従業員】〈23.11〉連140名 単118名(30.5歳)年625万円
【証券】上東京Ｐ 幹(主)SBI(副)大和,日興,いちよし,マネックス,アイザワ,東海東京,東洋,水戸 名三井住友信 監東陽
【銀行】三井住友
【仕入先】―
【販売先】ベクトル

年月【資本異動】		万株
16. 5	一般募集11万株(OA)	314
18. 3	分1→2	667
20. 8	分1→2	1,345
23.12	現物出資	1,345

東証P	高値	安値
16~21	4815(21)	1110(16)
22	3395(4)	1851(6)
23	2483(1)	1318(5)

	高値	安値	出来万株
23.12	1827	1632	55
24. 1	2223	1807	118
#2	2233	1924	52

【生産性比較】従業員数+52人 1人当り営業利益1,133万円(1.60倍)
【採用】初22.1万円 予未定 内定10(女‥) 中途‥
【業種】他産業サービス・製品 時価総額順位 99/293社
【比較会社】6058 ベクトル

【株式】1/31 13,458千株 単位 100株 貸借 優待 時価総額 260億円
【財務】〈連23.11〉百万円
総資産 6,584
自己資本 5,460
自己資本比率 82.9%
資本金 420
利益剰余金 4,742
有利子負債 0
【指標等】〈連23.2〉
ROE 19.0% 予20.1%
ROA 14.8% 予16.7%
調整1株益 57.2円
最高純益(22.2) 1,281
設備投資 107 予‥
減価償却 86 予‥
研究開発 838 予‥
【キャッシュフロー】百万円
営業CF 598(1,408)
投資CF ▲172(▲554)
財務CF ▲74(▲41)
現金同等物 3,695(3,344)

【株主】単6,302名〈23.8〉 万株
ベクトル 746(55.4)
日本マスター信託口 96(7.1)
日本カストディ信託口 94(7.0)
山口拓己 80(6.0)
リファンド107クライアント・アカウント 30(2.2)
BNY・GCMクライアントJ PRD・AC・ISG 18(1.3)
日本カストディ信託B口 12(0.9)
第一生命保険 11(0.8)
三島映拓 11(0.8)
野村証券 6(0.4)
〈外国〉6.3% 〈浮動株〉11.4%
〈投信〉8.1% 〈特定株〉82.9%
【役員】(社)山口拓己 (取)三島映拓 鎌田和彦* 鈴木啓太* 小澤浩子* (常監)高田裕久* (監)田中紀行* 藤田利之*
【連結】THE BRIDGE,グルコース

【業績】(百万円)	売上高	営業利益	経常利益	純利益	1株益(円)	1株配(円)
単21. 2	3,765	1,301	1,299	1,043	80.0	0
連22. 2	4,854	1,834	1,833	1,281	97.0	0
連23. 2	5,706	1,190	1,188	777	58.0	0
連24. 2予	6,700	1,600	1,500	1,100	81.9	0
連25. 2予	7,600	1,900	1,900	1,300	96.8	0
連23.3~8	3,284	890	890	600	44.9	0
連24.3~8予	3,700	1,000	1,000	700	52.1	0
連22.3~11	4,313	1,098	1,097	712	53.1	
連23.3~11	5,043	1,515	1,490	1,000	74.6	
会24. 2予	6,650	1,500	1,472	1,004	(23.4.13発表)	

【配当】	配当金(円)
19. 2	0
20. 2	0
21. 2	0
22. 2	0
23. 2	0
24. 2予	0
25. 2予	0
予想配当利回り	－%
1株純資産(円)〈連23.11〉	407.1 (333.0)

（出所）『会社四季報』2024年2集春号

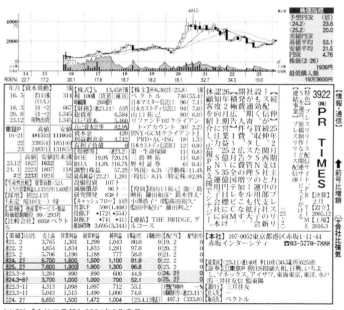

えれば、株価が売られっぱなしのままでいるはずがない。

このように、株価は割安なのだけれども、何かのネタをきっかけにして大きく上昇する可能性を持った銘柄を、クオリティ・バリュー銘柄と考えている。

損切りのラインは設けない

バリバリのグロース投資の場合は、どこまで下げるのか、どこで下げ止まるのかが見えないので、自分自身の損切りラインをしっかり決め、そこに達したら必ず損切りをするくらいの姿勢を持つことが大切だ。

ただ、私が投資しているクオリティ・バリュー銘柄の場合は、そもそも長期で保有するという前提もあり、明確な損切りラインは設けていない。むしろ、株価が何かの事情で大きく下げた時は、買い直しはする。たとえば1000株を保有している銘柄の株価が10%下げたとしたら、その時に一旦、売却して、もう一度買い直すのである。

含み損はそのままにしないことが肝心だ。多くの投資家は含み損を抱えたまま塩漬けにして、じっと我慢しているケースが多いようだが、これは税制的に、極めてもったいない。もし大きな損失が生じたとしても、「いつか戻るかもしれないから」などと淡い期待を抱いて持ち続けるくらいなら、下がったところで一旦売却して、損失を実現させるべきだろう。損益通算といって、その銘柄の損失分を他の銘柄の利益から差し引けるので、税制的にもメリットが得られる。

しかも、損益通算をしても、なお損失額が多かった場合は、翌年以降3年間にわたって、値上がり益や配当所得から差し引けるというメリットもある。

このようにして、自分が想定していた以上に株価が下げた時には、一旦売却して即、買い、ここで実現させた損失は、他の銘柄で確定した利益と損益通算するのが得策だ。

もう1つの観点は含み損の精神的な負担である。**誰しも自分のポートフォリオで含み損が並んでいると気分が落ち込み、ネガティブな思考になる。そして、その銘柄が買値に戻ったらすぐに売却してしまう。そうやってその後の大きな上昇を取り逃がしてしまうという最悪な事態が発生する。**含み損が出たら一旦売却して買い直すことと、ずっと持ち続けることは同じような行動に見える。しかし、自分のポートフォリオから含み損が消えると精神的には余裕が出るため、保有株が上がり出してもすぐに売ろうとしなくなる。

株式投資でなかなか儲からない人たちには、共通点がある。それは売買頻度が多過ぎることだ。

もちろん、デイトレーダーのように、そもそも短期売買を前提にしている人は別にして、いわゆるファンダメンタルズを見て投資している投資家で、頻繁に売買して稼げている人を、私はほとんど見たことがない。この手の投資家で資産を大きく増やしている人は、大半が長期で銘柄を保有し続けた人たちだ。

損切りだけでなく、利益確定にも一定の基準を設けている人を時々見かけるが、これもあまり得策とは言えない。買値に対して10％値下がりしたら損切り、15％値上がりしたら利食いといったルールを設けて売買したりするが、短期トレードならまだしも、長期で投資するのであれば、これはご法度だ。きちっと利益が出ている銘柄は、基本的に放置しておけば良い。

実は、**投資で一番難しいのは、損切りよりも利食い**なのだ。損切りはルール化したうえで淡々と実行できるものだが、利食いは本当に難しい。

というのも、人間は利益が生じていると、売却して利益を確定したくなるからだ。よく、特定の銘柄を30年以上保有していたら、評価額が１００倍になった、と言ったような話を聞くが、恐らく30年間も保有し続けられる投資家は、本当にごく一部だろう。大半の投資家は、恐らく評価額が2倍、3倍になった時点で利食いしてしまうだろう。

もちろん、「一度利食い売りをした後、さらに値上がりしそうなら買い直せば良い」という意見もある。

でも、そう言っている人は、自分でそれを実行できるだろうか。実行できる人は素晴らしいが、ちょっと考えてみて欲しい。利食い売りをした後、その株価がさらに10%値上がりしたので、ここで買い直せるだろうか。

大半の人は、自分が売却した時の株価に戻ることを期待して、買わずに待つだろう。そうしているうちに、株価はさらに値上がりしてしまい、もう手を出せないほど遠いところに行ってしまう。心理的に、一度自分が売ったものを買い直せる人は、実は本当に少数なのだ。だからこそ、投資家は銘柄をじっと保有し続けられるだけの握力が求められるのである。

下がっている時に買い足さない

もう1つ、相場に参加している人たちの心理として理解しておいたほうが良いのは、人は値下がりしたものを買い足したくなることだ。つまりナンピンである。

株式投資のリスク軽減手法の1つとして言われているナンピンは、株価が下がった時点で、同じ銘柄を同数買い足すことだ。これによって平均買いコストを下げることができ、株価が上昇に転じた時、より小さい値上がりで損失を回復できるとされている。

しかし、私は株価が下げている時には、一切買い足したりしない。そもそも自分の買値に対して値下がりしているということは、ひょっとしたら自分の判断が間違っている恐れがあるし、間違った判断だったとしたら、さらに株式を買い足すのは、論理的にもおかしなことになる。なので、私は下がった時に買い足すのではなく、下がったところで一旦売却し、同じものを同株数、買うようにしているのだ。

買い足すのは、それとは逆に株価が値上がりしている時である。平均の買いコストは上がるが、それは気にしない。

では、どこで利益を確定させればよいのか。

1つは市場規模だ。**製品やサービスを供給している市場の規模が、もうこれ以上は拡大しないし、その企業のシェアも伸びないと判断した場合に利食いする。**

もう1つは**PSRが著しく低い銘柄に投資する場合、それが1倍に達した時点で利食い売りをする。**なぜなら、PSRが著しく低い銘柄を買うのは、その割安が修正されることに期待して投資しているからだ。つまりPSR1倍に達した時点で目標達成になる。仮に、PSRが0・3倍の銘柄に投資した後、それが1倍になったら、株価は3倍近くまで値上がりしたことになるので、潔く売却すること。ここで欲をかいてさらに持ち続けようとすると、今度は株価が下落に転じてしまうリスクに直面してしまう。

株価が大きく値上がりすると、どうしても上値余地を追いたくなるのも人の常だ。株価の上昇に勢いが付くと、多くの投資家が「もっと値上がりするのではないか」といった根拠のない期待感から、さらに買おうとしてくる。株価が投機性を帯びてくるのだ。

しかし、それはすでに自分自身が描いたシナリオから大きく外れた、想定外の値上がりだとしたら、それを深追いするのは危険である。PBRも、1倍割れを割安だと判断して投資したのであれば、それが1倍を達成した時点で利食い売りをするべきだろう。

株式投資で大事なのは、その銘柄に投資した理由は何なのか、ということだ。それこそがシナリオであり、そのシナリオから外れた時は、損切りにしても利食いにしても、とにかく一旦、売却することをおすすめする。

これも個人投資家が儲からない理由の1つだが、自分で勝手にゴールポストを動かしてしまうことがある。

たとえば短期トレードを前提に買っているのに、損失が生じた途端、長期投資に切り替えるというものだ。これは長期投資ではなく塩漬けといったほうが、正確だろう。本当の気持ちは損切りしたくないから、体よく長期投資という言葉を使ってごまかしているだけに過ぎない。

大事なのは、最初に決めたことをしっかり守ること。投資スタイルにしても、シナリオにしてもそうだ。それを守れない、あるいは自分の都合の良いように変えてしまう投資家は、まず儲からないと思って間違いはないだろう。

PERは参考にならない

PERで株価の割高・割安を判断する個人投資家は多いが、私はほとんどそれに投資判断の重きを置いていない。

なぜなら、PERで株価の割高・割安を判断するのは、いささか危険な側面を持ち合わせているからだ。PERには多分に、その企業に対する期待感が含まれているし、グロース株のように高い成長期待を伴っている企業の株価の割高・割安をPERで測ろうとしても、あまり当てにならない。グロース株でＰＥＲが30倍、40倍をつけたとしても、利益の成長率が極めて高ければ、一概に割高だとは言い切れない面もあるのだ。

ＰＥＲを用いるくらいなら、私はＰＥＧレシオをおすすめする。ＰＥＧとはPrice Earning Growthのことで、次の計算式で求められる。

ＰＥＧレシオ＝ＰＥＲ÷営業利益の成長率

これによって、そのＰＥＲが本当に割安なのかどうかを判断できる。この指標の信頼性をさらに高めるために、過去２期の営業利益の成長率平均を使うという手もある。たとえば過去２期における営業利益の成長率が20％だとして、その企業のＰＥＲが40倍だとすると、ＰＥＧレシオは２倍になる。

一方、ＰＥＲが同じ40倍でも、営業利益の成長率が10％の銘柄だと、ＰＥＧレシオは４倍になる。当然、ＰＥＧレシオが２倍の銘柄に比べて、４倍の銘柄のほうが、株価が割高という判断になる。

一般的な株式投資の教科書だと、「ＰＥＲが低い銘柄の株価は割安だから投資したほうが良い」と書かれているが、私が知っているグロース株の投資家で大きく資産を増やしている人は、PERが低い銘柄と高い銘柄で迷った時に、PERがより高いほうに投資している。そして、実際に資産を大きく増やしているところから察すると、PERは投資判断を下す際にあまり使わなくても良いという結論になる。

割安なら大型株でも投資することがある

私が投資している銘柄は中小型株が中心だが、理屈に合えば大型株に投資することもある。さすがに今では買えない株価になっているトヨタ自動車、ソニーグループ、任天堂も、2018年当時は十分買えるくらいに割安だった。

またコロナ後の日本製鉄をはじめとする鉄鋼株や海運株にも注目した。理由は、業界再編の兆しが見えていたからだ。鉄鋼業界や海運業界は、業界再編の動きが生じると、株価が上昇する傾向が見られる。それと同時に、いずれも株価が極めて割安な水準で放置されていた。

あるいは私がMINKと称している企業群も同じだ。MINKとは、三菱重工業、

ＩＨＩ、日揮ホールディングス、川崎重工業の頭文字を取った造語である。

どの銘柄も中小型株にはほど遠い、非常に大型な企業ばかりだが、それらに注目したのは、株価がありえないほど割安だったからだ。その当時、三菱重工業の時価総額は1兆円を割り込んでいたが、日本の基盤産業で、そのうえ東アジア情勢がきな臭くなっているなかで、防衛産業でもある三菱重工業の時価総額が1兆円割れのまま放置され続けることはないと判断した。

この意味でも、「割安＋テーマ」は十分、投資する基準になる。大型株でも、株価が割安で、かつ株価を動かすテーマがあれば、十分に投資対象になるのだ。

日常生活の気付きも大事

自分が普段の生活を送るなかで、「あっ！」と思うような場面が何度かあるだろう。こうした気付きも銘柄を選ぶ際の重要なヒントになる。

私は丸亀製麺が好きで結構利用しているのだが、このところ店舗に行って気付いたことがある。それは、外国人観光客が非常に増えていることだ。本当に外国人だらけということさえある。

丸亀製麺はトリドールホールディングス（３３９７）が運営しているブランドの１つだ。会社四季報でトリドールホールディングスを見ると、有利子負債が８１５億６３００万円あり、自己資本比率は24・6％と低い。私のポートフォリオの主力となるクオリティ・バリュー株には、とてもではないが入れられないが、この会社に投資したのは、前述したような、日々の生活を送るなかでの気付きがあったからだ。

私は米国に出かけて帰国した時、必ず丸亀製麺に寄るようにしている。

たとえば米国でファストフード店に行く

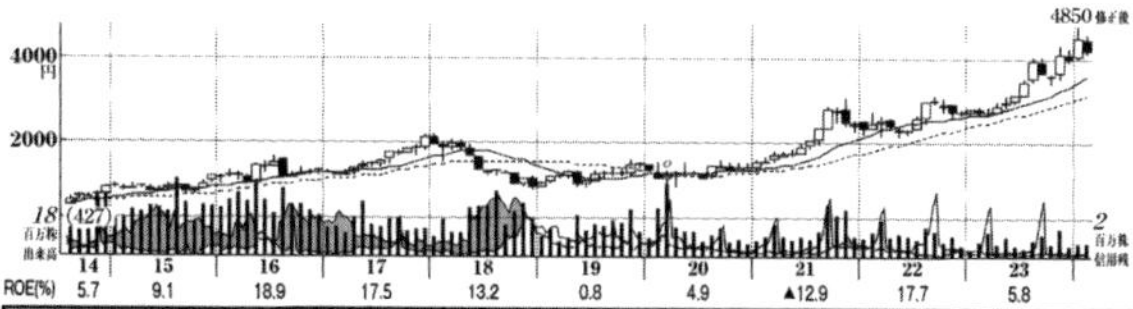

ROE(%) 5.7 9.1 18.9 17.5 13.2 0.8 4.9 ▲12.9 17.7 5.8

株価指標
予想PER （倍）
〈24.3〉 70.0
〈25.3〉 52.9
実績PER
高値平均 54.9
安値平均 35.0
PBR 4.77
株価(2/26) 4246円
最低購入額 42万4600円

【小売業】 ➡前号並み ㊎会社比強気

3397 (株)トリドールホールディングス

【特色】低価格うどん「丸亀製麺」展開。居酒屋や香港で上場のヌードル「タムジャイ」も。アジア積極出店
【連結事業】丸亀製麺54(11)、国内他13(12)、海外33(3)【海外】32 〈23・3〉
【決算】3月 【設立】1995.10 【上場】2006.2

【続伸】国内丸亀は客数好調。値上げ効き、人件費増や期末減損吸収。営業益好反発。25年3月期は店舗純増330前提(前期同約230)。丸亀は季節品投入効果、「ずんどう屋」など他業態伸長。海外好調維持。
【出店攻勢】来期以降は300店超の純増を継続方針。手薄な駅前や繁華街も丸亀製麺中心に出店。原材料高への対応のため、22年以降4度目の価格改定を1月に実施。

年月【資本異動】		万株
17. 7	現物出資	4,339
18. 7	現物出資	4,345
20. 4	分1→2	8,714
20. 4	交換	8,714

東証P	高値	安値
06~21	2160000(06)	612(11)
22	3130(9)	2099(3)
23	4392(11)	2628(1)

	高値	安値	出来万株
23.12	4318	3966	555
24. 1	4850	3996	668
#2	4635	4137	758

【生産性比較】従業員数+1,984人 1人当り営業利益128万円(0.64倍)
【グループ採用】初21.3万円 予150 内定85(女25) 中途433
【業種】外食・娯楽サービス 時価総額順位 5/161社
【比較会社】3563 F&LCO, 9861 吉野家HD

【株式】1/31 88,111千株 単位 100株 貸借 優待 時価総額 3,741億円
【財務】〈◇23.12〉 百万円
総資産 315,077
自己資本 77,613
自己資本比率 24.6%
資本金 4,798
利益剰余金 39,746
有利子負債 81,563
【指標等】〈◇23.3〉
ROE 5.8% 予6.8%
ROA 1.4% 予1.7%
調整1株益 39.3円
最高純益(22.3) 8,979
設備投資 287億 予‥億
減価償却 255億 予‥億
研究開発 0億 予‥億
【キャッシュフロー】億円
営業CF 325(351)
投資CF ▲118(▲56)
財務CF ▲87(▲29)
現金同等物 674(534)

【株主】単154,952名〈23.9〉 万株
粟田貴也 2,757(31.3)
(有)ティーアンドティー 1,116(12.6)
日本マスター信託口 478(5.4)
SMBC信託銀行特定有価証券信託口 373(4.2)
自社(自己株口) 83(0.9)
アリアケジャパン 60(0.6)
日本カストディ信託口 51(0.5)
ステートストリートBウエストトリーティ505234 42(0.4)
JPモルガン・チェース・バンク385781 40(0.4)
SSBTC・クライアント・オムニバス・アカウント 37(0.4)
〈外国〉6.1% 〈浮動株〉36.0%
〈投信〉1.5% 〈特定株〉57.3%
【役員】(社)粟田貴也 (副社)杉山孝史 (取)神原政敏 山口聡 松風里栄子・ ⇨欄外
【連結】丸亀製麺, コナズ珈琲, 肉のヤマ牛

【業績】(百万円)	売上高	営業利益	税前利益	純利益	1株益(円)	1株配(円)
◇21. 3	134,760	▲7,336	▲9,119	▲5,456	▲67.7	4.5
◇22. 3	153,355	14,243	13,935	8,979	99.3	7.5
◇23. 3	188,320	7,466	7,726	3,827	39.6	7.5
◇24. 3予	231,000	11,000	10,300	5,300	60.7	7.5
◇25. 3予	265,000	14,000	13,500	7,000	80.2	7.5~10
◇23.4~9	112,602	7,938	8,171	4,598	50.6	0
◇24.4~9予	130,000	9,000	8,800	4,500	51.6	0
◇22.4~12	140,866	8,069	8,289	4,606	49.7	
◇23.4~12	172,342	11,563	11,103	6,563	72.0	
会24. 3予	231,000	10,000	9,300	4,800	(23.11.14発表)	

【配当】	配当金(円)
19. 3	1.5
20. 3	12.5
21. 3	4.5
22. 3	7.5
23. 3	7.5
24. 3予	7.5
25. 3予	7.5~10
予想配当利回り	0.18%
1株純資産(円)〈◇23.12〉	889.5 (798.9)

【本社】150-0043東京都渋谷区道玄坂1-21-1 渋谷ソラスタ ☎03-4221-8900
【グループ店舗】近畿, 関東, 九州, 北海道, 中部, 中国・四国, 東北, 海外 計1937
【従業員】〈23.3〉連5,795名 単249名(39.9歳)年743万円
【証券】上東京P 幹(主)大和(副)日興, 野村, 三菱Uモル, 東海東京 名みずほ信 監あずさ
【銀行】三井住友, 三菱U, みずほ, 政策
【仕入先】三菱食品, ニップン商事, まつの
【販売先】ー

（出所）『会社四季報』2024年2集春号

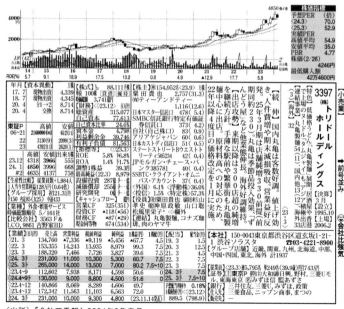

と、大して美味しくもないものに30ドル、40ドルを払わされる。1ドル＝150円で計算しても、4500円、6000円もする計算になるが、日本に帰ってきて、丸亀製麺でうどんを食べると、600円も出せばとても美味しいうどんを食べることができる。正直、このクオリティの差は感動的でさえある。このような経験をすると、このブランドを運営している、トリドールホールディングスという会社も応援したくなる。

その店舗に大勢の外国人観光客が押し寄せている。それがどのような効果を、トリドールホールディングスにもたらすだろうか。

日本を訪れた大勢の外国人観光客は、今度、自分の国に戻った時、日本で食べたうどんの美味しさを覚えているだろうから、ほぼ間違いなく海外にある丸亀製麺に、家族や友達を伴って食べに行くだろう。丸亀製麺の海外店舗は、米国・ハワイを皮切りにして、香港、インドネシア、台北、ベトナム、カンボジア、フィリピン、ロサンゼルスなど、アジアを中心に展開している。結果、外国人観光客によって国内店舗だけでなく、その外国人観光客が自国に戻って海外店舗を利用することから、国内外店舗全部が業績好調になる可能性が高い。

ちなみにトリドールホールディングスのＰＥＲは48・5倍、ＰＢＲは３・88倍、ＰＳＲは１・４倍だが、株価は順調に、長期に亘って上昇トレンドを維持している。２００６年

2月の株価は260円前後だったのが、2024年1月17日につけた高値は4850円だ。この18年間で株価は18・6倍にもなっている。

もちろん、このようなストーリー性、直観に基づいて選んだ銘柄に投資するのは稀だし、ポートフォリオに組み入れているとはいえ、割合はほんの少しだ。あくまでもポートフォリオの中核を成すのはクオリティ・バリュー銘柄である。

過去に話題を集めたテーマ株をコレクションする

ある銘柄に投資したものの、株価がなかなか動かないと、「どうして動かないんだ」と、イライラする人が少なくない。

でも、よほどおかしな企業に投資してさえいなければ、いつか必ず株価は動く。おかしな企業とは、自己資本比率が低く、有利子負債の額が大きく、キャッシュフローが回っていないような企業のことだ。そのような企業にさえ投資しなければ、ほとんど株価が動かなくてもイライラする必要は全くない。

たとえば川本産業（３６０４）という銘柄が話題になったことがある。何の企業かというと、医療用衛生材料の最大手で、ガーゼや脱脂綿を製造しているメーカーだ。

この企業の株価はほとんど値動きがない。２００２年から２０１９年までの株価は、高値７９７円、安値１７５円の範囲でずっと推移していたのが、２０２０年２月３日には４０００円まで急騰したのだ。

理由はコロナ関連である。マスクに対する需要が急激に高まったのと同時に、マスクの市場価格が大きく吊り上がったことから、売上と利益が大幅に増えたのだ。

同社の２０１９年３月期決算の売上高は２３５億９５２３万円、経常利益は８０５５万円。２０２０年３月期決算の売上高が２５０億９１８５万円、経常利益が２億９８８６万円だったのが、２０２１年３月期決算では売上高が３０８億７２２２万円、経常利益が13億６８５９万円となった。株価はこれに大きく反応したのだ。

そして、コロナ禍が落ち着いた現在では、売上高、経常利益とも巡行速度に落ち着いており、株価も７００円台で推移している。

４０００円で買ってしまった投資家にはいささかきついが、いつまたコロナ級のパンデミックが起こるかは、誰にもわからない。この20年を振り返っても、豚インフルエンザ、鶏インフルエンザ、ＳＡＲＳ、そしてコロナというように、５、６年おきに感染症が流行っているのだ。再びそれが生じれば、今は株価が低迷しているように見える川本産業の株価が跳ね上がるかもしれない。

過去、何かの材料でブームになったテーマ株はたくさんある。この手のテーマ株の株価は、テーマが注目されている間は大きく上昇するが、ブームが去ると再び元の水準に戻ってしまうのが普通だ。

そこで、**この手のテーマ株のブームが去った時に、そっと仕込んでおくという手がある。**それで5年上がらなかったとしても、再びそのテーマが脚光を浴びた時に、株価が2倍、3倍になれば、十分に元は取れる。

別に、株価は日々ジワジワジワ上昇してくれなくてもいい。

もちろん、ジワジワと右肩上がりに値上がりしてもらったほうが、投資している側としては正しい投資をしたと思えるが、投資で大事なのは資産を増やすことだ。結果的に儲かれば良いのである。そうだとするならば、普段は全く値動きがなくても、テーマで盛り上がった時に大きく上昇してくれれば、それで御の字だ。

テーマはいろいろある。ＡＩや環境、ヘルスケア、ロボット、オルタナティブエネルギーなど、挙げればキリがない。このように過去、話題を集めたテーマ株をコレクションしておくのも良いだろう。

あと、個人投資家の場合であれば、自分で得意なテーマや銘柄を持つのも良い。

個人投資家は専業なら別だが、大半の個人投資家は仕事をしながら、家庭サービスをしながら投資をしているため、たくさんの銘柄に気を配ることができない。だから、自分が得意とする3銘柄、あるいは5銘柄の値動きの癖を覚えて、上手く値動きに乗って取引するという手もある。

実際、20年以上にわたって同じ銘柄、同じセクターで売買を繰り返し、資産を大きく増やしている人もいる。ある程度、経験値が必要になるが、この手法を用いれば、実は会社四季報も全ページに目を通す必要が全くなくなるので、効率的に投資できるというメリットがある。

ちなみに私がテーマ株コレクションをする時は、幅広くさまざまな銘柄に投資している。1銘柄の投資金額は小さくても良い。とにかく前述したような基準に則ったクオリティ・バリュー銘柄が見つかったら、100株ずつでいいから買っておく。

さすがに、ファーストリテイリング（9983）やディスコ（6146）のような値嵩株になると、100株でもとんでもない投資額になるから、なかなか投資できないが、私が普段、探している企業は地味なものが多いので、株価もそれほど高くない。

株価にしても何にしても、価格は上がりっぱなしということはない。必ず下がる。ウイスキーだって、日本のウイスキーにはプレミアムが付くほど値上がりしていたが、徐々に値上がりが落ち着いてきている。いずれ頭を打って、値下がりに転じることがあるだろう。

為替レートだってそうだ。米ドル／円は2024年4月29日に、1米ドル＝160円に達したが、このままドル高・円安が一方向に進むようなことにはならなかった。

株価もそれと全く同じだ。**世の中の波の流れに乗って、値上がりする銘柄もあれば、値下がりする銘柄もある。その値上がり、値下がりの動きを上手に捉えて、株価が割安な水準にある時に買っておき、あとは放っておく。**

大きく値下がりしたら、そこで一旦売却して損失を実現させ、新たに同株数を買い付ける。

値上がりしたら、徐々に買い足していき、市場や企業業績の伸びが頭打ちになるまで保有し続ける。

あるいはPSRなどを基準にして割安銘柄を買ったのなら、その数字が1倍になった時点で利食い売りをする。

これらを心がけるだけで、あなたの資産は株式投資で着実に増やせるはずだ。

第2章のポイント

☑ 財務が健全かつ割安であるクオリティ・バリュー銘柄に投資する

☑ 割安かどうかは、PER・PBRだけでなく、PSRやPEGレシオからも判断する

☑ 利食いは、投資する際に自分自身が描いたシナリオを達成した時点で行う

第3章

今こそ「日本株」に投資する理由

米国市場はバブルだが

第1章でも簡単に触れたが、日本の株式市場に追い風が吹いているのは間違いない。個別企業の利益率が上がってきたことに加え、ROEもだいぶ改善されてきた。

そのうえ、多くの企業が配当性向を30%、あるいは40%に引き上げてきたことによって、配当利回りの改善も顕著だ。「記念配当」といったワードも、会社四季報で頻繁に目に留まるようになってきた。企業が株主を重視するスタンスを、より鮮明にしつつあるのだ。

ただ、一方では日本の株価の先行きについて、慎重な声があるのも事実だ。そして、その一番の根拠として、米国の株価が割高水準にあることを指摘している。つまり、割高な水準にある米国の株価が下落すれば、日本株もそれに連れて下げるリスクがあるから、株価の先行きを慎重に見たほうが良いという意見だ。

よく「米国がくしゃみをすると、日本が風邪をひく」などと言われる。経済もそうだが、たとえば米国の株価が下げると、日本の株価は米国の株価以上に下げる恐れがあることを、この言葉は意味している。

確かに、短期的にはその傾向があると言えなくもない。S＆P５００が１００ポイント下げた時、日経平均株価が４００円下げたとしよう。指数の種類が違うのでS＆P５００と日経平均を単純比較できないが、ダウと日経平均を比較するより実態を表している気がするので、ここではその二指標で比較する。このように、短期的に似たような動きをすることはあるが、よく考えてみて欲しい。果たしてS＆P５００と日経平均株価は同率の下げだろうか。

決してそのようなことにはならない。米国の株価と日本の株価が同時に下げたとしても、下げ率には多少なりとも差が生じている。**この差が時間の経過とともに徐々に蓄積されていき、長期で比較した時、米国の株価と日本の株価にはトレンドの違いが生じてくるのである。**

つまり長期的に見れば、米国と日本の株価は違う動きになるのだ。実際問題、本当に米国の株価と日本の株価が連動するのであれば、なぜこの30年間、日本株はほとんど上昇しなかったのだろうか。

１９８９年12月末のS＆P５００は３５３・40ポイントで、２０２４年６月14日時点のそれは５４３２・39ポイントだから、この34年と約半年の間に、同指数は１５３７・20％

の上昇率を記録している。

対して日経225平均株価はどうだったか。1989年12月末のそれは3万8915円で、2024年6月14日のそれは3万8814・56円だ。ほぼ値上がりしていないことになる。このことからも、米国の株価と日本の株価は決して連動などしていないことが、おわかりいただけるだろう。これをマイナスに捉える必要はなくて、戦後に米株がほとんど動いていないのに日本株がぐんぐん上がった時期もあるので両国の株価サイクルは違うと思ったほうがいい。

では、**米国の株価はどの程度、割高なのだろうか**。**正直な考えを言うと、これはもう実質的にバブル化している**。まず間違いないと言っても良いだろう。

根拠はいくつかあるが、計量的に言えば、米国株式市場の時価総額だ。2024年2月2日時点の数字で51兆ドルもあるが、米国のGDPは2023年末時点で27兆ドルなので、ざっと株式市場の時価総額がGDPの2倍近くあることになる。

GDPは国内総生産で、1年のうちに米国内で生み出された経済的付加価値の総額だから、こうした実体経済の規模を測る数字に対して2倍もの規模を、米国の株式市場は有していることになる。

「バフェット指数」を計算しても、この状況は完全に米国の株式市場が過熱していることを示している。

バフェット指数とは、著名投資家であるウォーレン・バフェット氏が相場の過熱感を見るのに利用しているもので、次の計算式で求められる。

バフェット指数（%）＝株式市場の時価総額÷名目GDP×100

以上の計算式で求められた数字が次のようになった時、過熱かどうかを判断する。

80%以下……大幅に過小評価されている。
80%超103%以下……過小評価されている。
103%超126%以下……平均的な適正水準
126%超149%以下……過大評価されている
149%超……大幅に過大評価されている

米国の株式市場の時価総額が51兆ドルで、GDPの名目値が27兆ドルだから、既出の計

算式に当てはめると、

51兆ドル÷27兆ドル＝１・８８９×１００＝１８８・９％

だとすると、すでに「大幅に過大評価されている」となる１４９％超を、大幅に上回っていることになる。

また、２０２４年6月13日の米国株式市場では、アップルの時価総額が終値でマイクロソフトを抜いた話がニュースになった。この時の時価総額は３兆２８５１ドル（約５１５兆円）とされているが、これは英国の名目ＧＤＰである３兆８９０億ドルを上回っている。

あれだけ長い歴史を持ち、さまざまな知的財産をたくさん持っている国のＧＤＰよりも、アップルの時価総額が大きいのは、感覚的にもおかしい。正直、株式市場の価格形成メカニズムが壊れているか、お金そのものに価値がなくなっているかのいずれかとしか、言いようがない。

こうした現実から見て、米国の株式市場がバブル化しているのは、まず間違いないだろう。エヌビディアの時価総額が一時的に世界一になったことが話題になったりもしているが、同社が主戦場にしている生成ＡＩの分野は、極めて競争の激しいレッドオーシャンなので、３年後、５年後にどうなっているのかは、誰にもわからない。そうであるにもかかわらず、何年も先の利益を織り込んで見積もった株価を算出し、株価がどんどん値上がりするのは、いかにもやりすぎだ。

テスラも同様だと考えている。テスラはテクノロジーカンパニーだと言われるが、実際は所詮、自動車会社である。したがって自動車会社としてバリュエーションする必要があるのにもかかわらず、それを無視して1兆ドルの時価総額に達したが、同社の株価は高値を付けたところからすでに4割以上下落している。まさに適正水準に向けて調整している最中だ。これと同じことが近い将来、エヌビディアにも起こるだろう。

逆説的に考える

歴史を見ると、バブルはほぼ確実に崩壊する。1637年のオランダでのチューリップ・バブル、1719年のフランスにおけるミシシッピ計画、1720年のイギリスにおける南海泡沫事件、1890年代の自転車バブル、1920年代の家電バブル、1970年代の半導体バブル、1980年代の日本における不動産バブル、1990年代のインターネットバブル、2000年代の米国での不動産バブルなど例をあげたらキリがないが、いずれも投資対象の大幅な値上がりの後、暴落が生じている。

バブルの調整は、日柄調整と価格調整のいずれかによって行われる。

米国の株価がこれから先、20年、30年という長期にわたって横ばいとなり、その間に米国のGDPが、株式市場の時価総額に追い付くというのが日柄調整だ。理論的にその可能性はなきにしもあらず、だが、過去の歴史を振り返った時、日柄でバブルが調整されるケースを、私は見たことがない。したがって米国株のバブルも日柄調整ではなく、株価が暴落するという価格調整によって、終わりを告げることになるだろう。

問題は、米国株のバブルが崩壊した時、日本株がどうなるかだろう。恐らく、この点を気にしている読者は多いのではないだろうか。

その答えは、逆説的に考えるとわかりやすい。

現在、米国株式市場の時価総額は、世界の約6割を占めるまでになっているが、特定国の株式市場の時価総額が、世界全体の株式市場の時価総額の多くを占める状況は、米国の株式市場以前にも事例がある。バブルピーク時の日本の株式市場がそれだ。1989年当時、日本の株式市場の時価総額は、世界の株式市場の時価総額全体のうち、4割超にも達していた。

そして1990年代に入ってから不動産バブルが崩壊。株価も大きく崩れた。バブル経済とは、実体経済に対して価格が大きく上回ることを指している。そのバブル経済が崩壊したことにより、日本の株価は適正水準以下にまで下がった。

しかし、日本株が暴落するなか、米国をはじめとして世界の株価が暴落したかというと、そうではない。これと逆のことが、これからの株式市場には起こるのではないかと考えている。

米国株のバブルが崩壊し、適正水準に戻る過程では、MSCIワールド・インデックスをはじめとした、世界株インデックスに占める米国株式市場の投資比率は低下する。たとえば現在、世界株インデックスの6割が米国株で占められているが、これが4割にまで低下すれば、2割減った分を他の国に再配分することになる。その1つは恐らく日本だろう。

別な言い方をするならば、**米国株のバブルが崩壊しない限り、一時は日経平均株価で4万円に乗せた日本の株価上昇も、限定的**だ。日本株が本格的に上昇するのは、米国株のバブルが崩壊してからではないだろうか。

米国から逃げたカネが向かう先

香港のハンセン指数は、2018年1月に3万2887ポイントの高値を付けた後、下落に転じている。2024年6月17日時点では1万7936ポイントなので、この6年と5カ月間で、45・5％も下落したことになる。

そして、この間に日経平均株価は60％超も値上がりしている。

5年くらい前を思い出して欲しい。上海総合やハンセン指数といった中国の株価インデックスが下落すると、ほぼ同じように、いや、それ以上に日本の株価インデックスは下落していた。

ところが、今はハンセン指数が45％も下落しているのに、逆に日経平均株価は60％超も値上がりしている。これは、日本の株式市場が変わったから、あるいは変わったと期待されているからだ。

そもそも、今は米国にマネーが集まり過ぎている。世界的に著名な投資家であるウォーレン・バフェット氏が日本に来て、日本の商社株を買ったのは、すでに米国株が割高な水準にあることをわかっていたからだ。現状、バフェット氏が会長を務めている投資会社、バークシャー・ハサウェイは、今、キャッシュポジションをかなり高めにしているという情報もある。それは、恐らく米国株の暴落を待っているからではないだろうか。暴落するのを待ち、株価水準が割安になったところですかさず投資する。そのタイミングをじっと待っているように思える。

そして、それは米国株だけでなく、日本株をはじめとする世界の株式市場についても、当てはまる。バブルは必ず是正され、割高になっているものは売られる。米国株から逃げたお金は、必ず他の何かに流れる。それは日本、欧州の他、インドに代表される新興国だろう。

ただし中国には向かわない。なぜなら地政学的なリスクが高いからだ。

そして、なかでも注目される市場はどの国なのかを考えていくと、最有力は日本になる。

その理由は、第一に市場規模が大きいこと。日本の株式市場は、米国に次ぐ規模を持っている。米国から逃げたマネーは、当然のことだが金額も莫大なものになる。その莫大なマネーが逃げ込む先は、それなりの市場規模を持っていなければならない。そう考えると、やはり日本の株式市場が有力になる。

次に経済の安定度が高いこと。欧州の先進国も決して不安定とは言わないが、どちらの安定度が高いかと考えた場合、やはり日本に軍配が上がる。

そしてもう1つの理由が、世界経済の軸足が、大西洋から太平洋に移ってきたことだ。21世紀に入ったのと同時に、世界経済の中心は間違いなくインド太平洋地域にある。GDPの国別ランキングを見ても、1位が米国、2位が中国、3位がドイツ、4位が日本、そして5位がインドだ。ちなみに日本は今、世界のGDPでは4位に落ちているが、これは円安の問題が大きい。もし、1ドル＝120円の水準に戻れば、恐らくドイツと逆転すると思われる。

このように、GDPの国別ランキングを見ても、上位5カ国のうち4カ国がインド太平洋に臨む国になる。大西洋貿易が太平洋貿易に変わったのは、500年ぶりの出来事といっても良い。そのくらい大きな変化に、私たちは直面しているのだ。

とはいえ、インドは日本に比べると、まだまだいろいろな意味で透明性が低いし、資本市場も発展していない。こうした点を考慮すると、**米国のバブルが崩壊した後の恩恵を一番に受けるのは、日本**ということになる。

欧州について少し触れておくと、グローバル資本の逃避先にはならない。欧州は少子高齢化と人口減少問題があるし、それは日本も同様だが、なんといっても欧州はイノベーションが全くといって良いほど、起こっていない。自動車の時代は、まだ欧州にも強みはあったが、世の中が情報通信革命に移行してからは、競争の土俵にすら乗ってきていない。欧州は長い歴史のなかで、まさに衰退のプロセスに入っていて、これからそれがますます鮮明化していく。

では中東はどうなのか。そこにグローバル資本が向かうことなど到底、考えられない。だが、少なくとも米国に関して言えば、中東よりもインド太平洋を軸にして、軍事も含めた戦略的な資産を集中させたいと考えている。

ただ、米国にとっていささか問題なのは、イスラエルの存在だ。イスラエルが米国にとって重要な同盟国である以上、全く中東を無視するわけにもいかない。そういう現実はあるものの、中東にはあまり力を割きたくないというのが、米国の偽らざる気持ちである。

日本の改善トレンドはまだ二合目

2024年3月、日経平均株価は過去最高値を更新して、一時的に4万円に乗せた。

「もう日本株も割高だし、ここからの上値余地はそんなにないだろう」という声も聞こえてきたが、果たしてそうだろうか。

4万円という過去最高値の更新は、なかなかにエポックメイキングな出来事だったと思う。ここまで値上がりすれば、達成感も出てくるので、「そろそろ日本株の上昇トレンドも終わりに近い」と思うのも不思議ではない。

ただ、日本株を取り巻く環境の改善は、まだ二合目あたりだと私は考えている。

PBR1倍割れ企業のPBR改善は、まだ緒に就いたばかりだ。東京証券取引所が、プライム市場とスタンダード市場に上場している約3300社中、約1800社のPBR1倍割れ企業を対象にして、その改善策を求めたのが2023年3月のこと。割合にして45%の企業しかPBRが1倍超ではなかったのが、2024年3月末時点でPBRが1倍を超えている企業の割合は、全体の61%に達している。

とはいえ、PBR1倍超の企業は、45%から61%に増えただけに過ぎない。残りの39%は、1倍割れの状態にあるのだ。この、約40%を占めるPBR1倍割れ企業が1倍超に改善していけば、まだ相当、株価の上昇余地はあると考えるべきだろう。

ROEも同様だ。日本の上場企業のROE平均は8%程度だが、これも2ケタを目標にして改善されていくに違いない。その他、利益率の改善、配当増や自社株買いなど株主還元政策、持合い解消など、いずれもまだまだ途上だ。さらに、業界再編の動きも、これから本格化してくる。

これらに加えて、個人の資産形成に対する関心も、これから本格的に高まってくるだろう。2024年1月に行われたNISAの制度改正は、それをバックアップするためのものだ。投資元本1800万円まで、投資によって得た利益が全額非課税になり、かつNISAの制度そのものが恒久化された。非課税期間も無期限だ。1800万円という投資額の上限はあるものの、30年、40年という長い期間にわたって、投資によって得た利益が非課税扱いになるという優遇策は、これから個人の投資意欲を大いに掻き立てるものになるだろう。こうした点でも、**日本の株価上昇はまだ二合目**であり、緒に就いたばかりといっても良いのだ。

新冷戦時代と日本

今後30年、50年というスパンで考えた時、米中対立という新冷戦時代を迎え、それが日に日に激化しているという状況を見ると、米中の貿易関係はかなり厳しくなると考えられる。

中国は、自国メーカーに対して米国の半導体を極力、使わせない政策を取るだろうし、逆もまた然り、である。米国は半導体をはじめとするハイテク製品の対中輸出を、大幅に制限している。それに止まらず、米国は同盟国間でも対中輸出を規制するように要請している。

結果、中国は半導体をはじめとするハイテク製品を、独自に開発せざるをえない状況になる。このような状況が進むと、お互いに技術の互換性がなくなっていくため、米国にとって中国、中国にとって米国は、それぞれ製品などを販売するための市場ではなくなってしまう。そうなると、グローバル資本は中国から逃げていくことになる。

もちろん、中国の政治的スタンスがより権威主義的な方向に突き進んでいるとか、習近平体制の影響とか、さまざまな要因はあるにしても、経済的な合理性から考えると、技術的な互換性が失われた市場になると、実体経済面のディカップリングは今後さらに進むことになる。そして実体経済面のディカップリングが進めば、資本面のディカップリングも進んでいく。

この30年間、グローバル資本がどれだけ中国に投下されたのかを考えてみて欲しい。そのグローバル資本がどこに向かうのかを考えると、やはり日本が最有力候補になる。

これまでアジアにおける金融や貿易のハブは、間違いなく香港だった。一国二制度によって、香港は中国にグローバル資本を招き入れるための玄関口として機能していたのだ。それを担保するために、香港には英国統治下時代の自由さが残されていたが、2020年6月30日に成立した「国家安全維持法」によって一国二制度は事実上、骨抜きにされ、さらに2024年3月には、香港でスパイ行為など国家の安全を脅かす行為を取り締まる「国家安全条例案」が可決された。

政治的にも、民主主義派は完全に潰され、選挙に立候補するためには、愛国者に限定されてしまっている。今の香港は、完全に大陸中国に統合されたと考えるのが妥当だ。

そうなると、香港はかつてのようなフィナンシャル・ハブとしての役割を担うことができなくなる。アジアの金融センターとして脚光を浴びた香港の姿は、今はもうない。

そうなると、次のアジアの金融センターはどこが担うのか、という話になってくる。その有力候補は2つあり、1つが日本。もう1つがシンガポールだ。

ただ、シンガポールはいささか疑念が残る。というのも過日、ユーチューブやXで拡散されたのだが、米連邦議会の公聴会で、TikTokのCEOである周受資氏が証言台に立ち、大勢の国会議員から厳しい質問攻めにあったのだ。

たとえばトム・コットンという米国の上院議員は、周氏に対して「あなたは共産党のメンバーですか？」と質問している。

それに対する周氏の答えは「私はシンガポール人です」というものだったが、ここでのポイントは、米国はすでにシンガポールも、イコール中国であるとみなしている点だ。トム・コットン上院議員は、周氏が「シンガポール人だ」と答えても、何度も何度も同じ質問を繰り返していた。その映像を見た人たちは、トム・コットン上院議員のことを「理解力のない人物」としてバカにしていたが、トム・コットン上院議員はわざとそれを繰り返したのである。「あなたは自分をシンガポール人だと言っているが、結局のところ、中国人ですよね」と言っているのだ。

香港にしても、シンガポールにしても、ベースは中華民族だ。少なくとも、それが米国の認識である。

そうなると、シンガポールをアジアの金融センターにするという選択肢はなくなる。結局、日本がアジアの金融センターになるのだ。

とはいえ、日本の金融市場は米国を中心としたグローバル資本にとって、決して使い勝手が良いものではない。したがって、これからの日本にはいろいろな意味で、外圧が強まると思われる。ただし、それは投資家にとって良い外圧だ。

確かに、「日本人は変わらないよ」という意見もある。しかし日本の歴史を見ると、日本が大きく変わるきっかけになったのは、すべて外圧によるものなのだ。ペリーの来航は、まさにその代表例といっても良いだろう。

そして今、まさにその黒船が日本に来ている。米国は日本に対して、「いよいよアジアの金融センターを、香港から日本に移すから、準備しておいて下さい」と言っているようなものだ。

実は、会社四季報にそのサインが見て取れる。どこにそのサインが見られるのかというと、不動産会社の株価なのだ。

不動産会社としては、三菱地所、三井不動産が大手だが、今、一番株価が上がっているのは、平和不動産（８８０３）である。２０１３年の年初、同社の株価は１２００円台だったのが、２０２４年４月には４３７５円の高値をつけた。約４倍だ。

それと同じ期間で見た時、三菱地所（８８０２）は２０００円台だったのが３０００円前後だから１・５倍、三井不動産（８８０１）は７００円前後が１４００円で２倍といった程度なので、平和不動

不動産会社の株価（円）：対2013年始値比

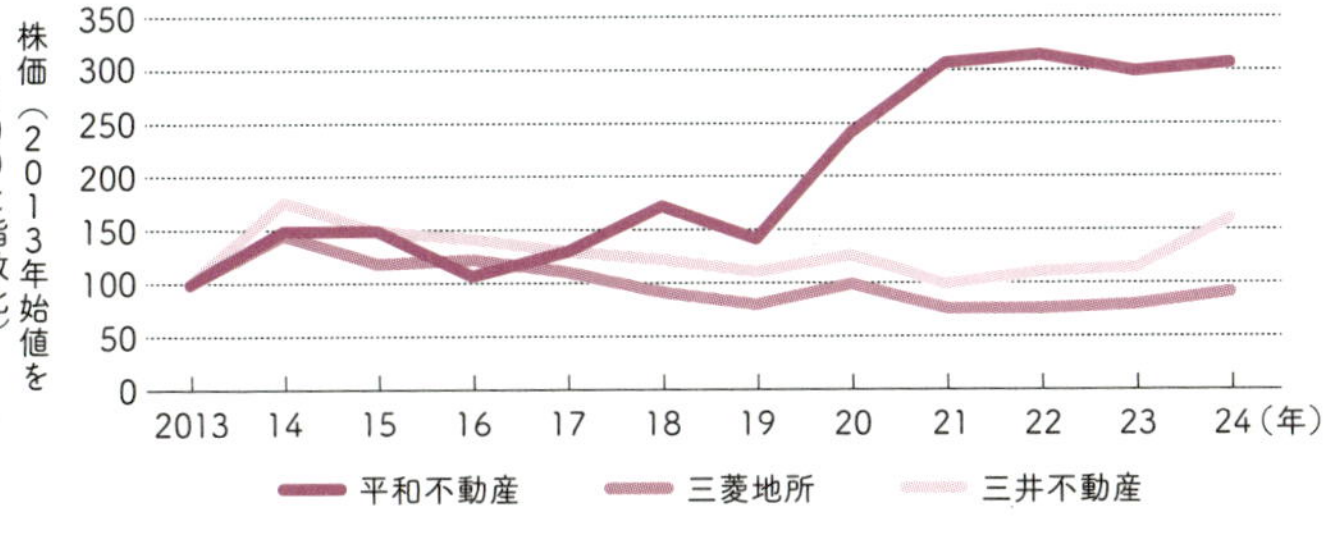

（出所）会社四季報オンラインをもとに筆者作成

産がいかに注目されているのかがわかる。

なぜ平和不動産がここまで値上がりしたのかというと、東京証券取引所の大家さんだからだ。東京証券取引所をはじめとして、日本のウォール街と言われている兜町の再開発にも関わっている。日本がアジアの金融センターになると見ている投資家が、こぞって平和不動産株を買っているのだ。

そして、２０１３年といえば米中新冷戦が始まった年でもある。その時、すでに流れは決していたということだ。だから、２０１３年を機に平和不動産の株価が上昇に転じたとも言える。東証の改革は、２０２２年あたりから急に出てきた話ではない。こうした下地のもと、着々と日本がアジアの金融センターになる流れができていたのだ。

いよいよ日本がインフレに

日本株がいよいよ超長期的な上昇サイクルに入ると考えている、もう１つの大きな根拠は、やはりインフレだ。

１９９０年代以降、長年にわたってデフレに悩まされてきた日本だが、いよいよインフレに転じると確信している。

物価は、ファンダメンタルズのなかでは重力のようなものだ。他の要因は磁場とか、電磁波に近く、部分、部分においてファンダメンタルズに影響を及ぼすが、物価はファンダメンタルズ全体に大きな影響を及ぼす。これまで日本経済がなかなかテイクオフできず、欧米先進国に大きな後れを取っていたのは、物価がデフレで推移していたからだ。これがインフレに転じた時、果たして日本経済はどうなるだろうか。

インフレだから、あらゆるものの値段を押し上げる。それこそお菓子の値段から株価、地価まで、ありとあらゆるモノの値段が上がっていく。徐々にそれを織り込んで、日本の株価は上昇しているのだが、まだ長期的なインフレの持続を織り込むまでには至っていない。

ただ、恐らく多くの日本人は、あまりにも長いデフレ経済に慣らされてしまったからか、本気でインフレになると思っていないフシがある。この物価上昇は恐らく一過性のものであって、しばらくすれば落ち着くはずだと思っている。だから、このところスーパーマーケットで売られている食品の値段が上昇しても、何も文句を言わずに我慢していられるのだ。また為替が１ドル＝１６０円の円安になっても、誰からも文句が出ないのは、いずれ物価が落ち着くはずだと考えているからだろう。

でも、まずそうはならない。日本経済にインフレが定着していくはずだ。

一番の理由は、これも地政学的な問題である。中国を西側自由主義諸国のサプライチェーンから外すことは自明だが、それを行う以上、物価は上昇する。しかも、それによって名実ともに、米国が自由主義世界の盟主になるが、過去を振り返ると、米国経済がイニシアティブを持つ時は大概、インフレになっている。

前述したように、一時的に米国経済のバブルが崩壊し、株価をはじめとして適正価格に戻ることにはなるだろう。

とはいえ、ＡＩにしてもソフトウェアにしても、米国は非常に高い優位性を持っている。株価は適正水準に戻るが、これらの分野における米国の優位性が揺らぐことはない。加えて中国とのディカップリングが進むとなると、どうしてもインフレにならざるをえない。

そして、株価にとってインフレは2つの効果をもたらす。

1つは単純に、インフレ調整で株価が名目的に上昇していく。実質的に価値が上がらなかったとしても、インフレであるというだけで株価は上がっていくのだ。

もう1つは、インフレがもたらす投資行動である。インフレによって多少、金利は上がるだろうが、金利水準が物価上昇率を上回れなければ、預金に置いてあるお金の実質的な価値は目減りしてしまう。そうだとしたら、やはりインフレに強い資産を持たなければならない。

それに気付いている人は、徐々に増えているのではないだろうか。**投資行動の変容を引き起こすにはまだ時間はかかると思うが、インフレが定着するという前提で考えれば、多くの人たちの投資に対する意識は、変わっていくだろう。**

時代が政治家をつくる

2024年10月1日、石破茂新総理が誕生した。利上げに前向きな姿勢を示していた石破氏が、金融緩和路線の継続を打ち出していた高市氏を下す形での当選となった。この結果は、アベノミクスからの方向転換の必要性を、国民の総意として一定程度示したものだと考えられる。通貨安が進み、デフレ脱却も進む日本において、アベノミクスは役割を終えつつあるということだ。

時代が変われば、必要な政策も変わってくる。アベノミクスが必要とされていたデフレの時代では、金融緩和はデフレ脱却に寄与すると考えられていた。しかし、インフレの時代に変化したとなれば、それに適した政策へと変化するのは自然なことである。**政治家が時代をつくっているのではなく、時代が政治家をつくっている**のだ。

ただし、日本がこれから方向転換をするといっても、緩やかに変わっていくことになるだろう。日本の成長率は依然として低調であるため、インフレ率を上回るような利率まで金利が引き上げられるとは考えにくい。

また、海外投資家から見れば、他国と比べて、日本の政治は極めて安定していると考えられている。与党も野党も似たようなものであるし、自民党の中でも考えの違いがあるとはいえ、党内での調整機能はいまだ有効に働いているからだ。石破総理に変わったとはいえ、たとえば金融所得課税の強化といった、今までと大きく異なる政策をすぐに実現することはできない。したがって、自民党内でトップが変わったとしても、海外投資家はそれがリスク要因にはなりえないと考えているのだ。

そういう意味では、やはり米国大統領選のほうが注目に値する。民主党（支持者）と共和党（支持者）で、対立が激しくなっているからだ。ただし、構造としては日本の総裁選と同じような状況にある。

つまり、80年代のトリクルダウン政策からの脱却を掲げるハリス氏が選ばれるか、継続を掲げるトランプ氏が選ばれるかということである。規制緩和や法人税の減税といったサプライサイドの経済政策によって、富裕層や法人は利益を貯め込めこむことができた。しかし、中間層は没落し、格差が急速に拡大してしまった。その結果、トリクルダウンの効果に対して、国民の不信感は確実に高まっている。

どちらが勝つのか、仮にハリス氏が勝ったとして、果たして方向転換できるのか。執筆時点（2024年10月）ではわからないが、そうした構造があることは頭に入れておきたい。

日経平均株価10万円のロードマップ

日経平均株価が過去最高値を更新して、一時は4万円台に乗せるところまで値上がりしたが、ここまで値上がりしてくると、必ずと言って良いほど「もう割高だ」という声が聞こえてくる。1989年の高値である3万8915円を超えてきたのだから、今の日本の株価上昇はバブルだ、と考えているのだろう。

でも、今の日本の株価は決してバブルではない。これは断言しても良い。

まずPERだが、バブルピークの時のそれは、旧東証1部市場の平均が70倍にも達していた。

それが今は何倍なのかというと、16倍である。バブルピークの時のPERは、今の水準に比べて4・4倍にもなっていたのだ。もし今の日本の株価が、バブルピークの時のPER水準にまで達していたとすると、3万8000円の4・4倍で、16万7200円になる。日経平均株価がここまで値上がりして、ようやくバブルと言えるのだ。

そこまで行くかと言われれば、その可能性は十分にあると考えている。現状、PERは16倍と低く、そのなかで企業業績が堅調になり、かつインフレ圧力が強まるとなると、日経平均株価は20万円どころか、30万円も十分に狙えるだろうし、何かの拍子に再び経済がバブル化したら、それこそ日経平均株価が100万円になっても、一向におかしくない。

ただ、実際にこれから日本株に投資するにあたっては、過去の値動きのパターンをしっかり把握しておくことが肝心だ。というのも、日経平均株価は大台に乗せたところで、しばらくもみ合う傾向があるからだ。

たとえばリーマンショックの後、2万円を回復したのが2015年4月で、同年6月には2万952円まで値上がりした後、2016年6月には1万4864円まで調整しているし、2021年2月に3万円を回復した時は、同年9月に3万795円まで値上がりした後、2022年3月には2万4681円まで調整している。

また、調整の程度についても一定の法則が見られる。それは、株価が1段上のステージに上がった時、その前のステージの最高値が、次のステージのサポートになっているということである。コロナ禍では、一時的に値崩れは起きたが、2022年3月の安値は、2018年10月の高値2万4448円を上回る2万4681円となっているし、2024年8月の暴落によって一時3万1156円にまで下がったが、それでも2021年9月時点の高値である3万795円を下回ることはなかった。もちろん、ここ10年にお

日経平均株価の推移

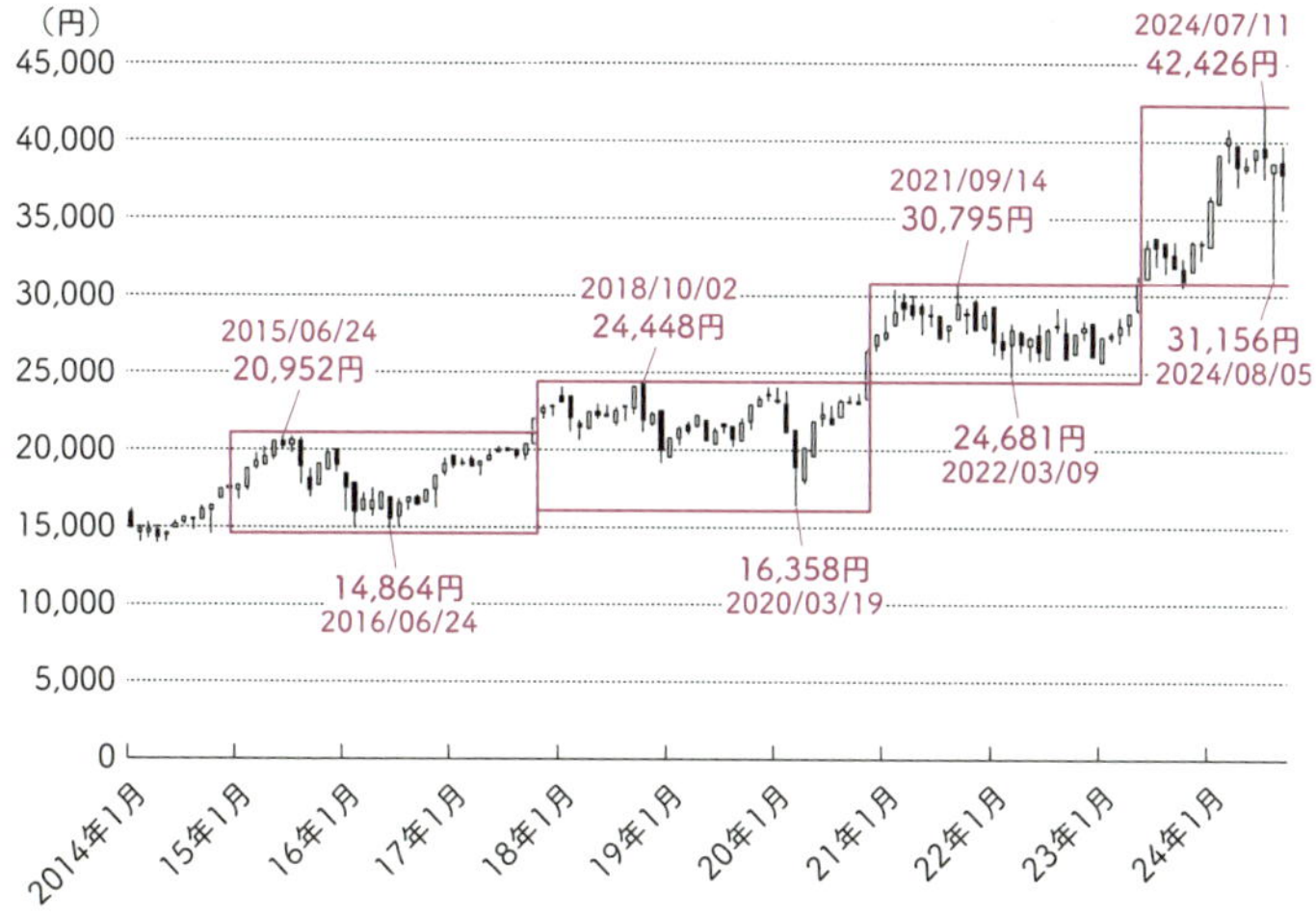

(出所)筆者作成

ける傾向にすぎないため盲信はできないが、今後の調整局面や、5万円のステージに到達した場合にでも、値動きのイメージとして参考にはなるだろう。

しかも、5万円達成は案外、早いタイミングで実現するかもしれない。というのも、大台変わりの期間がどんどん短くなっているからだ。日経平均株価が2万円を回復したのが2015年4月で、3万円を回復した2021年2月までに要した期間は5年と10カ月だったが、3万円を回復してから4万円に乗せるまでに要した期間は、3年と1カ月である。そう考えると、遅くとも2025年の後半もしくは2026年の前半くらいには、5万円の大台更新を目指すのではないだろうか。

4万円に乗せたらすぐに5万円とはいかない。投資家心理として、まずは4万円の水準に馴染む必要がある。ただでさえ、日本の投資家のなかには「4万円はバブルだ」という認識が案外、深く染み込んでいる。当然、それ以上の株価で買うのは抵抗を感じるはずだ。したがって、2万円や3万円に乗せた時、その水準に馴染むのにある程度の時間を要したのと同じように、4万円に馴染むのにも一定の時間をかける必要がある。

上昇率で考えると、2万円が3万円になるのに必要な上昇率は50%だが、3万円から4万円になるのに必要な上昇率は33%だ。4万円から5万円は25%である。そう考えると、5万円が10万円になるのは、そんなに難しいことではない。2万円が4万円になるのに9年と言う時間を要したが、前述した日本の株価にとってフォローの材料がたくさんあることから考えると、日経平均株価10万円の到達は、恐らくそれほどの時間を必要としないはずだ。

第3章のポイント

☑ 日本株が本格的に上昇するのは、米国株のバブルが崩壊してから

☑ インフレは株価を上昇させるだけでなく、投資行動の変容を引き起こす

☑ 日経平均4万円は決してバブルではないが、投資家心理として大台の数値に馴染むための時間が必要

第4章

上昇株を見つける
エミン流
「四季報読破術」

意外と見ない人が多い巻頭に注目する

手元に最新の会社四季報が届いた時、どのページから読んでいくだろうか。やはり自分が持っている銘柄のページからか、それとも順序良く最初のページからだろうか。

読む順番は自由だ。極端なことを言えば、最終ページから読んでいっても構わない。ちなみに後ろのページに何があるのかというと、広告や定期購読の申し込みハガキを除けば、会社四季報編集長による「編集後記」だ。今号の取材・編集を通じての感想が記されている。これを先に読めば、今号の全体像が、おおまかにではあるが把握できる。

ということで、どこから読むのも自由な会社四季報だが、案外、多くの四季報読者が読まないけれども、絶対に目を通しておいたほうが良いページがある。ページで言うと2ページ目と3ページ目だ。**2ページ目にあるのは「【見出し】ランキングで見る業績トレンド」であり、3ページ目にあるのは「市場別業績集計表」である。**

できればこの2ページ分については、個別銘柄のページを見る前に目を通しておくと良い。それによって全体像を把握できるからだ。

2024年3集である夏号に掲載されている上場企業数は、全部で3923社を数える。ご自身の保有銘柄、あるいは投資候補銘柄のページから読んでいくのも良いが、何事もまずは全体の方向性を把握することが肝心だ。それと共に、前号との比較で何が変わったのかを把握する。ちなみに見出しランキングは、今号も含めて5号分の見出しランキングが出ているので、今号で過去の変遷を把握できるが、市場別業績集計表は今号の分しか掲載されていないので、できれば前号を引っ張り出してきて、見比べることをおすすめする。

では、見出しランキングをどう活用

【見出し】ランキングで見る業績トレンド

今号も、10%以上の営業増益が続くような場合に使う【続伸】が最多だった。ほかにも【最高益】【大幅増益】といったポジティブな見出しが上位に入った。また、【上向く】【反落】【好転】も目立った。総じていえば、好業績または復調を期待できる企業が多そうだ。他方で前期の増益から減益に転じることを示す【反落】が5位に。中国や欧米などの海外情勢や、歴史的な円安が続く為替の動向と影響には、よく注意していく必要がある。

順位	24年3集 夏号		24年2集 春号		24年1集 新春号		23年4集 秋号		23年3集 夏号	
1	続伸	191	続伸	298	続伸	181	続伸	176	続伸	188
2	連続増配	179	上向く	257	上振れ	171	上振れ	164	反落	175
3	上向く	178	最高益	157	上向く	156	上向く	148	上向く	161
4	増配	163	連続最高益	133	下振れ	135	反落	132	連続増配	135
5	反落	154	増勢	127	最高益	117	独自増額	119	増配	126
6	連続最高益	121	好転	126	好転	97	増額	115	好転	114
7	最高益	118	連続増益	124	増額	95	下振れ	97	最高益	109
8	反落	94	小幅増益	117	増配	95	好転	93	反発	94
9	好転	92	増益続く	110	反落	94	最高益	90	連続増益	90
10	横ばい	83	反発	104	連続増配	85	横ばい	87	連続最高益	83
11	大幅増益	73	堅調	101	反発	80	連続増配	87	横ばい	83
12	増勢	71	復調	97	連続最高益	66	反発	75	黒字化	79
〃	黒字化	71	横ばい	76	横ばい	63	増配	75	浮上	74
〃	続落	71	反落	74	大幅増益	62	黒字化	69	大幅増益	69
15	横ばい圏	69	黒字化	68	快走	61	大幅増益	68	続落	62

（出所）『会社四季報』2024年3集夏号

するのかだが、基本的にはセンチメントを読み解くためのものだ。

２０２４年３集で言うと、上から「続伸」、「連続増配」、「上向く」、「増配」、「反落」、「連続最高益」、「最高益」、「反発」、「好転」、「横ばい」がトップ10だが、このうちネガティブ・ワードは5位の「反落」のみで、ニュートラルなのが10位の「横ばい」。あとの８つはポジティブ・ワードで占められた。

ちなみに前号である２０２４年2集は、トップ10がすべてポジティブ・ワードで、さらにその前号である２０２４年1集では、８つがポジティブ・ワードだった。

トップ10のうち８つがポジティブ・ワードであるのが何を意味するのかというと、10社のうち8社くらいは業績が良いということだ。ということは、事業環境自体は決して悪くはない。むしろ非常に良いくらいであることがわかる。このように、企業ベースでの景況感を把握できる。

このように全体像を把握しておくと、個別銘柄のページを見た時に、記事欄のコメントが非常に良い内容であったとしても、「まあ、これだけ企業のファンダメンタルズが良ければ業績が好調なのは当然」という程度に、少し引いた見方ができる。逆もまた然り、だ。

たとえば２０２４年3集に関して言うならば、８つがポジティブ・ワードで占められるほど、全体的にファンダメンタルズは好調なのだから、記事欄のコメントが悪いはずがない。

ただ、そこで注意しなければならないのは、すべてにおいて絶好調であることを示すコメントで占められている企業だ。

四季報に掲載されている個別企業の記事欄を全部読むとわかることだが、すべてのコメントが絶好調の記述で占められている企業はごく僅かしかない。逆に悪いことだらけの企業もまた少ない。

すべてが絶好調の記述で占められている企業は、投資しないほうが良いだろう。逆に、悪い話しか書かれていない企業は買いだ。あくまでも「そういう傾向が強く見られる」という話ではあるが、会社四季報を読むうえで覚えておいて損はないだろう。

市場別の業績予想を把握する

市場別業績集計表には、東京証券取引所と名古屋証券取引所のプライム市場に上場されている1566社、スタンダード市場とメイン市場に上場されている1493社、そして新興市場に上場されている548社を対象にして、売上高、営業利益、経常利益、純利益の順に前期実績、今期予想、来期予想の前期比増減率が記載されている。

この情報は貴重だ。2600円を支払って会社四季報を購入すれば、誰でも見ることのできる情報だが、この手の情報をどこかから買おうと思ったら、かなりの高額を請求されるはずだ。しかも市場別業績集計表には前期の実績値だけでなく、今期と来期の予想値も記載されている。これはとても貴重な情報と思って良い。

では、市場別業績集計表から何が読み取れるだろうか。

これはプライム市場でもスタンダード市場・

市場別業績集計表（前期比増減率）

（単位：%）

	決算期	合計（3635社）	東P名P（1566社）	東S名M（1493社）	新興市場（548社）
売上高	前期（実）	5.5	5.5	5.5	15.0
	今期（予）	3.3	3.2	4.6	15.6
	来期（予）	3.6	3.5	5.2	13.8
営業利益	前期（実）	15.1	15.0	13.7	75.4
	今期（予）	7.1	7.0	7.8	39.5
	来期（予）	9.3	8.9	14.1	61.8
経常利益	前期（実）	16.8	16.9	10.5	73.5
	今期（予）	3.4	3.4	2.9	28.2
	来期（予）	8.1	7.8	13.1	65.1
純利益	前期（実）	16.9	16.8	13.5	黒字化
	今期（予）	2.9	2.6	9.6	105.1
	来期（予）	7.2	6.9	10.5	109.8

（注）営業利益は銀行・保険を含まない
（出所）『会社四季報』2024年3集夏号

メイン市場、新興市場のどれでも良いのだが、まず**自分が投資している銘柄が上場している市場の業績推移をチェックすること**だ。全体像で増収増益が続くのかどうかを見るのと同時に、大事なのがモメンタムだ。

モメンタムは「勢い」といっても良い。前期の実績値が5％増益、今期予想が8％増益、来期予想が10％増益というように、売上でも利益でも良いのだが、前期比の数字が徐々に上昇していれば、モメンタムは強いと判断できる。

当然、それにそって株価も上昇するはずだ。

2024年3集の数字を見ると、たとえば東証と名証のプライム市場は、売上高、営業利益、経常利益、純利益のいずれも、今期予想は前期実績に比べてスローダウンするが、来期予想は再び盛り上がる気配がある。東証スタンダード市場、名証メイン市場、そして新興市場はいずれも来期予想はほぼ2ケタの伸び率だ。

ちなみに、新興市場については、売上高の今期予想が15・6％の増収で、来期予想は13・8％と下がっているが、営業利益と経常利益は今期予想よりも来期予想の方が、大幅な増益になっている。これは、そろそろ買い場が来ている証拠だ。

ただし、これはあくまでも業績面に照らしての話だ。業績は増収増益基調だったとしても、マーケットは業績以外の要素も加味して変動する。近年の株式市場は、流動性重視の大型株相場になっているので、新興市場の株価は厳しい状況下にある。これはグロース250の値動きにも現れていて、日経平均株価がバブル後の高値を抜いているのにもかかわらず、グロース250は2013年あたりの水準をウロウロしている。

とはいえ、市場別業績集計表に記載されている数字を見ると、新興市場のそれは営業利益の今期予想が39・5%の増益に対し、来期予想は61・8%の増益だし、経常利益は28・2%増益から65・1%増益へと大幅増益が想定されている。株式市場は一般的に、業績の改善を半年前から織り込んで動くので、来期である2025年3月期が大幅な増益に転じるのだとしたら、2024年12月あたりから新興市場の株価は上昇に転じる可能性が高いということになる。

市場別業績集計表（前期比増減率）

（単位：%）

	決算期	合計（3623社）	東P名P（1567社）	東S名M（1496社）	新興市場（531社）
売上高	前期（実）	14.8	15.1	8.8	17.0
	今期（予）	4.0	3.9	4.5	15.5
	来期（予）	3.3	3.2	5.0	16.4
営業利益	前期（実）	12.3	11.9	20.0	76.2
	今期（予）	15.4	15.5	10.5	53.8
	来期（予）	9.8	9.4	14.2	68.9
経常利益	前期（実）	2.7	2.3	14.4	64.3
	今期（予）	14.4	14.6	6.0	42.7
	来期（予）	7.5	7.2	11.9	68.8
純利益	前期（実）	3.0	2.4	19.5	黒字化
	今期（予）	14.7	14.8	8.9	399.9
	来期（予）	7.2	6.9	10.1	100.6

（注）営業利益は銀行・保険を含まない
（出所）『会社四季報』2024年2集春号

もう少し詳細に分析したいのであれば、夏号なら春号に掲載されている市場別業績集計表の数字と比べると良い。実は新興市場の数字を2024年3集と2集とで比較すると、新興市場の株価が今ひとつ冴えない事情が、うっすらと見えてくる。

たとえば営業利益を見ると、春号の数字は今期予想が53・8％増益、来期予想が68・9％増益という数字を挙げていたが、夏号はそれぞれ39・5％増益、61・8％増益というように、数字が落ちているのも事実なのだ。こうした点が、新興市場の株価の足を引っ張っていると考えることができる。

付箋の使い方

会社四季報の個別銘柄ページをどこから読むのかについては、別にどうでも良いというのが正直なところだ。多くの人は最初のページから順を追って読むのだろうが、最後のページから読んでも良い。

ちなみに私の場合、最初のページから読んでいくが、読むのに疲れたりすると、いきなり最後のページに飛んで、後ろから前に読んでいくこともある。

会社四季報を最初のページから読むということは、証券コード順に読むのと同じことになるが、そこに何か意味があるのかというと、全く何もない。そもそも証券コードは東京証券取引所が上場企業に与えているもので、会社四季報を出版している東洋経済新報社が与えているものではないので、会社四季報を証券コード順に読むこと自体には、別段、何の意味もないのだ。

したがって、会社四季報を最初のページからでも、最後のページからでも、あるいは真ん中のページから読んだとしても、何も変わらない。つまりどこから読んでも良いということだ。

ただし、どこを読んだのかを覚えておく必要はある。何しろ2000ページもある大作だ。全銘柄に目を通すのだとしたら、二度手間をかけている暇はどこにもない。

自分が興味を持っているセクターを集中的に読むという手もある。たとえば建設・不動産で100ページ弱あるだろうか。ここだけを集中的に読めば、日本の建設業界が今、どういう状況にあるのかを、大まかにではあるが、把握できる。

さて、セクターの話が出たので、付箋の使い方について説明しておこう。

会社四季報のヘビーユーザーには、自分が気になった銘柄について付箋を貼っていく人が多い。大半の人はそうしているのではないだろうか。そして、それぞれに自分のオリジナルの付箋の使い方があるだろう。

私の場合、セクター別に色違いの付箋を用いるようにしている。たとえば食品セクターはオレンジ色、化学セクターは青色という具合に色分けしていく。そして、貼った付箋は新しい会社四季報が出て、古いものを使わなくなってからも、貼ったままの状態にして本棚に保存しておく。

そして、過去の会社四季報を含めて並べてみると、「ああ、今号は化学セクターに貼った付箋が多かったな」といった気付きを得ることができる。それが、実は化学関連銘柄の買い場だったりする。

また、ほとんど付箋が貼られていないセクターだったら、それはあまり調子が良くないセクターだということになる。

その他、私の付箋の貼り方としては、大きさで大型株、中型株、小型株に分けるというのもある。当然、大型株になるほど大きめの付箋を用いている。あるいは、セクター別にかかわらず、「これはホットな銘柄だ」と思えるようなものがあった時には、ちょっと変わった形の付箋を用いることもある。まあ、これはハートマーク型でも良いし、動物の形をしたものでも良い。

よくネットの掲示板などで、「付箋をつけても意味がない」とか、「どうせ見返さないし」といった意見が書かれていることがある。

でも、実は結構、付箋を貼るという作業は有効性が高いのだ。

私の場合、一度、会社四季報全体に目を通すと、大体150社から200社程度に付箋を貼ることになる。仮に150社に付箋を貼ったとすると、全体が約3600社だから、4・2%に付箋を貼ったことになる。その後、次の四季報が発売されるまでの銘柄選びは付箋を貼った銘柄の中から行うので、会社四季報スクリーニングにより、見るべき銘柄が95%以上も削減されたことになる。これだけで大分、時間の節約になるだろう。それだけでも付箋を貼る価値はあるということだ。

先入観を持たずに目を通す

会社四季報を読む時の心構えを説明しよう。

「虚心坦懐」という言葉が日本にはあるが、まさにその心持ちで読むことが大事だ。「このセクターが絶好調だ」とか、「この会社に興味がある」といった先入観を一切、持たないようにして、1社1社の記述を読み込んでいくようにする。

そもそも、なぜ今の時代に会社四季報という紙の媒体を読む必要があるのだろうか。四季報オンラインだって相当、利便性の高いメディアなのに、なぜわざわざこの分厚い本を1ページずつめくって、読み込んでいかなければならないのか。デジタル・ネイティブの若い人たちは、この点に納得がいかないかもしれない。

これは地図とカーナビゲーションの違いといっても良いだろう。

確かにカーナビゲーションは便利だ。行き先さえインプットしてしまえば、今、走っている位置を自動的に捕捉して、目的地までの最短距離を教えてくれる。それはまさに四季報オンラインと同じだ。「他の投資家から銘柄の話を聞いたけれども、自分の投資基準に合っているかどうかを知りたい」といったように、具体的な銘柄について調べる時には、四季報オンラインが向いている。

でも、**投資したい企業、情報を知りたい企業が具体的に決まっておらず、「単純に何か面白いものはないか」といった調べ方をする場合には、これは間違いなく紙の会社四季報が優れている。**

これは紙の地図と同じで、目線を高くして鳥瞰できるからだ。ドライブに行く先が定まっておらず、どこかに面白い場所はないかと探すのに近い。大きな地図を広げて眺めると、「こんなところに大きな公園があるじゃないか」、「ここに美術館があるな」といった気付きを得ることができる。

これが、なかなかナビゲーションではできない。カーナビゲーションで、今まで自分が気付かなかった、知らなかったような施設、場所を探すのは、かなり難しい。でも、紙の地図なら、新しいものを発見できる。これこそが、紙の会社四季報を読む一番のメリットといっても良いのかもしれない。

第1章で、私が初めて会社四季報を読んで銘柄を選んだ話を書いた。2009年3月の話だ。この時、会社四季報を読んで選んだ銘柄が、ウエストホールディングス（1407）だった。選んだ時から、この企業の時価総額は、今では実質で100倍以上にまで成長している。

なぜウエストホールディングスがこの時、私の目に留まったのか。時価総額が当時8億円で、会社名は当然、ほとんどの人が知らず、チャートもずっと下落基調、というのが、当時の同社の状況だった。

そうであるにもかかわらず、気になったのは、太陽光パネルの生産規模としては当時世界3位という規模を持つ中国企業と業務提携をしたと、会社四季報の記事欄に書かれていたからだ。

時価総額が8億円という小さな、それも本社を広島という地方都市に置いているような企業が、どうして世界第3位の生産規模を持つ太陽光パネルのメーカーと業務提携までできたのかという点が、どうにも気になって仕方がなくなってしまったのだ。

このような気付きは、会社四季報ならでは、といっても良いだろう。ウエストホールディングスという、見たことも、聞いたこともない企業の、こうした興味深い記述に偶然出会えるのは、まさに会社四季報ならでは、といっても良い。

後日談を言うと、ウエストホールディングスが業務提携を結んでいた中国の太陽光パネルメーカーは経営破綻してしまった。

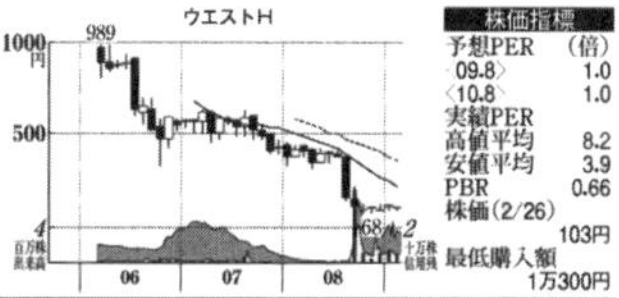

1407 (株)ウエストホールディングス

【決算】8月 【設立】2006.3 【上場】2006.3

【特色】住宅リフォームが主力。戸建て住宅も。土地・建物開発事業は大幅縮小。提携・M&Aに積極的
【連結事業】住宅リフォーム41(10)、戸建住宅13(1)、土地・建物開発39(2)、土木6(0)、他0(▲15)〈08・8〉

【底上げ】前期赤字の不動産開発からは撤退。主力のリフォームが不況下で健闘。太陽光発電は中国サンテックとの提携で材料調達安定化、補助金復活も追い風。営業増益。棚卸評価特損。優先株あり復配微妙。
【解消】08年12月に15億円資金調達。資本増強受けて、第1四半期で継続疑義を解消。大和ハウスとのリフォーム提携は千葉で試行。LED照明で扶桑電通と提携。

【株主】⊕1,268名〈08.8〉 万株
吉川 隆	393(50.0)
白根 学	70(8.9)
ゴールドマン・サックス・インターナショナル	42(5.3)
ヤマダ電機	30(3.8)
日本トラスティ信託口	29(3.7)
もみじ銀行	24(3.0)
吉川恵子	20(2.5)
ウエスト社員持株会	12(1.5)
広島銀行	12(1.5)
中国銀行	10(1.2)

〈外国〉5.4% 〈浮動株〉6.9%
〈投信〉3.7% 〈特定株〉84.5%

【役員】㈳吉川隆 ㈹土手修 永島葳久 ㈴佐藤廣之 池田直人 竜崎浩一 ㈴木村克彦 ㈼宇野勝詞 渡部邦昭 大畑康壽

【連結】骨太住宅, ハウスケア, サンテック

【株式】⅓1 7,856千株
単位 100株 【貸借】
時価総額 8.0億円

【財務】〈連08.8〉 百万円
総資産	11,948
株主持分	1,220
株主持分比率	10.2%
資本金	1,211
利益剰余金	▲816
有利子負債	6,893

【指標等】〈連08.8〉
ROE	▲175%	予65.6%
ROA	▲17.9%	予 6.7%
調整1株益		—円
最高純益(07.8)		613
設備投資	266	予 ‥
減価償却	767	予 ‥
研究開発	2	予 ‥

【キャッシュフロー】百万円
営業CF	1,369	(▲348)
投資CF	▲2,144	(67)
財務CF	▲2,345	(▲382)
現金同等物	1,341	(4,461)

年月	【資本異動】	万株
06. 3	株式移転	715
07. 7	三者70万株 (590円)	785
08.12	優15万株 (1万円)	785

JQ	高値	安値
06	989(3)	326(10)
07	640(3)	390(11)
08	458(1)	68(11)

	高値	安値	出来万株
08.10	125	78	110
11	102	68	42
12	128	83	111
09. 1	126	96	127
#2	112	86	88

【格付】—

【骨太住宅採用】初‥万円 予0 内定0(女0) 中途‥

【業績】(百万円)	売上	営業利益	経常利益	利益	1株益(円)	1株配(円)
連06. 8	7,873	▲1,126	▲1,146	▲1,610	▲225.1	15
連07. 8	25,656	951	815	613	84.5	20
連08. 8	27,375	547	196	▲2,140	▲272.5	0
連09. 8予	20,500	1,170	1,020	800	101.8	0~10
連10. 8予	20,000	1,200	1,050	800	101.8	0~10
中08. 2	16,139	322	102	▲757	▲96.4	0
中09. 2予	9,580	320	240	130	16.5	0
四07. 9-11	8,266	▲57	▲159	▲194	▲24.7	
四08. 9-11	4,154	31	7	▲439	▲56.0	

【配当】	配当金(円)
06. 8	15
07. 8	20
08. 8	0
09. 8予	0~10
予想配当利回り	—%
1株純資産(円)〈連08. 8〉	155.2 (334.1)

【本社】733-0002広島市西区楠木町1-15-24 ☎082-503-3900
【主要子会社】骨太住宅☎082-296-3000, ハウスケア☎03-5353-6855, サンテック☎03-5333-6222
【従業員】〈08.8〉連402名 単57名(40.0歳)年475万円
【証券】上JQ 幹(主)新光(副)大和, 東洋, 岡三, SBI, 三菱U, ひろぎんウ, 八幡, いちよし 名住友信 監九段
【銀行】もみじ, 広島, 中国, みずほ
【URL】http://www.west-gr.co.jp/

➡前号並み
JQ
【建設】

(出所)『会社四季報』2009年2集春号

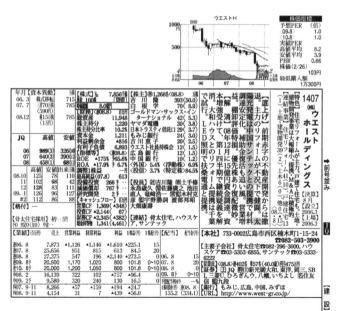

よくぞ連鎖倒産しなかったものだと思ったが、同社の株価はかなり順調に値上がりして、私が注目銘柄として取り上げた1年後には、10倍を超え、その後にヤマダ電機と提携している。また株価は最高で実質300倍くらいまで増えた。

こうしたお宝銘柄を偶然見つけられるのは、まさに何の先入観も持たずに会社四季報を読んでいるからだ。「へー、こんな名前も知らないような会社が、こういうことをやっているんだ」とか、「こういうところと提携して事業を拡大しているんだ」といった気付きが得られ、その気付きが新しい銘柄選びの参考になってくるのだ。

その意味でも、どこのページから読めば良いのかといった順番は一切気にしなくても良いが、やはり多少時間をかけてでも、会社四季報は全ページに目を通していただきたい。もし、そこまで時間をかけることができないと言うのであれば、今、最もホットなセクター、あるいは話題を振りまいているセクターがあれば、集中的にその銘柄の前後20、30ページ程度を読むようにすれば、かなりの気付きが得られるはずである。

会社四季報のどこをどの順番で読むか

会社四季報には1銘柄あたり、本当にさまざまな情報が詰め込まれている。掲載する情報はどんどん増え、同時に多くの情報を盛り込もうとすればするほど、文字の大きさはどんどん小さくなっていく。今は裸眼でも十分に視力を確保できているような人でも、老眼が進んだら恐らく読めなくなるだろう。

そのくらいたくさんの情報が掲載されているのだから、ひとつも漏らさずにチェックしておきたいところだが、初めて会社四季報を手に取った人たちは、どこから読んでいけば良いのか、わからないのではないだろうか。

そこで、会社四季報の個別銘柄欄に関する読み進め方について解説したいと思う。記載されている内容は、2024年3集のものを用いている。

【ポイント1】会社の特色・事業構成を把握する

マルハニチロ（1333）を事例に説明していこう。まず【特色】として「水産最大手。

国内外に強固な流通網持つ」と書かれている。では一体、どのくらい海外の売上高があるのかというと、【海外】に21という数字が記載されている。これは売上高に占める海外比率が21％であることを示している。

さらに【連結事業】の部分を見ると、どういう事業を行っているのか、そのうち何が収益の柱なのかがわかる。マルハニチロの場合は、水産資源が売上高の57％を占めていて、それ以外の事業は加工が10％、食材流通が31％、物流が2％となっている。ここから水産資源が収益の柱であると見当がつく。カッコの中にある数字はその事業の営業利益率を表している。そこから水産資源は売上高に占める比率は高いものの、

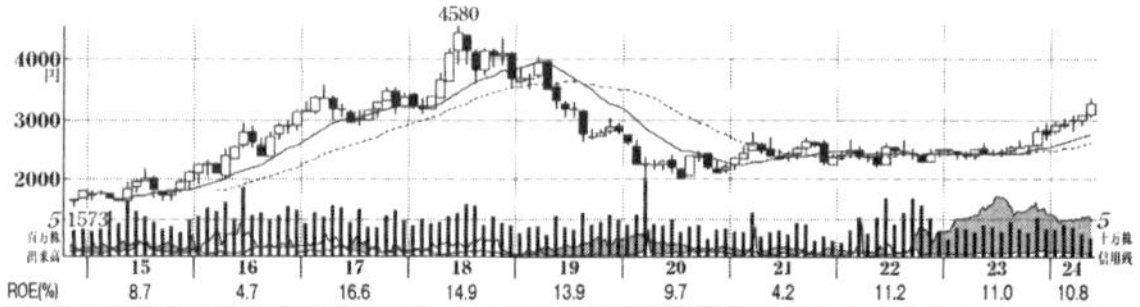

【株価指標】
予想PER (倍)
〈25.3〉 8.6
〈26.3〉 8.4
実績PER
高値平均 7.8
安値平均 6.3
PBR 0.79
株価(5/27) 3262円
最低購入額 32万6200円

【水産・農林】 ➡前号並み

1333 マルハニチロ

【決算】3月 【設立】1943.3 【上場】2014.4

【特色】水産最大手。国内外に強固な流通網持つ。冷食・缶詰など加工食品も大手。畜産商事や化成品も

【連結事業】水産資源57(2)、加工10(5)、食材流通31(2)、物流2(9)、他0(61)【海外】21 〈24・3〉

【連続増配】養殖苦戦も、漁業は稼働率改善。北米はすり身等の相場底打つ。食品は高水準維持。水産商事は前期苦戦のマグロ上向く。利益稼ぐタイのペットフード復調。営業益好反発。為替益見込まず。特益剥落。

【提携】紀文と資本業務提携。共同での新製品開発や物流網の相互活用など検討。海外は地域別管理から事業特性ごとに組織変更、海外売上拡大へ販売施策なども強化。

年月	【資本異動】	万株
04. 4	完全子会社	30,000
10. 3	減資	30,000
14. 3	減資	30,000
14. 4	合併	4,955
23. 3	消却	5,057

東証P	高値	安値
14~22	4580(18)	1498(14)
23	2961.5(12)	2333(3)
24.1~5	3367(5)	2777(1)

	高値	安値	出来万株
24. 3	3081	2796.5	395
4	3106	2907.5	308
#5	3367	3047	270

【外国人持株】+3.1pt(+5.3pt)
前年 15.3%(5年前 13.1%)
【会社業績修正】上方3 下方0
経常益÷期初会社予想 1.3倍

【業種】食品
時価総額順位 28／171社
【比較会社】2871 ニチレイ, 1332 ニッスイ, 1301 極洋

【株式】4/30 50,578千株
単位 100株 貸借
時価総額 1,649億円
【財務】〈連24.3〉 百万円
総資産 667,445
自己資本 207,128
自己資本比率 31.0%
資本金 20,000
利益剰余金 123,113
有利子負債 284,350
【指標等】〈連24.3〉
ROE 10.8% 予9.2%
ROA 3.1% 予2.8%
調整1株益 ―円
最高純益(24.3) 20,853
設備投資 ‥億 予‥億
減価償却 162億 予‥億
研究開発 ‥億 予‥億
【キャッシュフロー】 億円
営業CF 536(0)
投資CF ▲189(▲238)
財務CF ▲329(302)
現金同等物 369(333)

【株主】単61,305名〈24.3〉 万株
日本マスター信託口 672(13.3)
大東通商 493(9.7)
日本カストディ信託口 248(4.9)
農林中央金庫 186(3.6)
みずほ銀行 159(3.1)
OUGHLD 84(1.6)
東京海上日動火災 75(1.4)
日本生命保険 73(1.4)
DFAInt'lスモールキャップバリュP 63(1.2)
山口銀行 63(1.2)
〈外国〉18.4% 〈浮動株〉23.0%
〈投信〉 8.3% 〈特定株〉42.1%
【役員】(社)池見賢 (副社)半澤貞彦 (取)舟木謙二 廣嶋精一 奥田かつ枝* 外ノ池佳子* B.エドミスター* 高松倡彦* (常監)綾隆介* 大野泰一* 木村吉男* (監)山嵜睦 兼山嘉人* (6.25予)
【連結】大都魚類, 大洋エーアンドエフ, ヤヨイサンフーズ

【業績】(百万円)	売上高	営業利益	経常利益	純利益	1株益(円)	1株配(円)
連20. 3	905,204	17,079	19,901	12,537	238.2	40
連21. 3	862,585	16,208	18,130	5,778	109.8	40
連22. 3	866,702	23,819	27,596	16,898	321.1	55
連23. 3	1,020,456	29,575	33,500	18,596	363.7	65
連24. 3	1,030,674	26,534	31,106	20,853	413.6	85
連25. 3予	1,050,000	30,000	32,000	19,000	377.3	100
連26. 3予	1,070,000	31,000	33,000	19,500	387.2	100~115
連23.4~9	507,356	16,757	20,914	10,894	215.9	35
連24.4~9予	520,000	18,000	19,000	11,300	224.4	50
会25. 3予	1,050,000	30,000	32,000	19,000	(24.5.7発表)	

【配当】	配当金(円)
21. 3	40
22. 3	55
23. 3	65
23. 9	35
24. 3	50
24. 9予	50
25. 3予	50

予想配当利回り 3.07%
1株純資産(円)〈連24. 3〉
4,113 (3,534)

【本社】135-8608東京都江東区豊洲3-2-20 豊洲フロント ☎03-6833-0696
【支社】札幌, 仙台, 東京, 名古屋, 大阪, 福岡【工場】大江, 白鷹, 新石巻, 宇都宮, 下関, 群馬【研究所】つくば
【従業員】〈24.3〉連12,531名 単1,651名(41.8歳)年750万円
【証券】上場東京P 幹事みずほ, 日興 名簿三菱U信 監査あずさ
【銀行】みずほ, 農中, 三菱U
【仕入先】―
【販売先】―

（出所）『会社四季報』2024年3集夏号

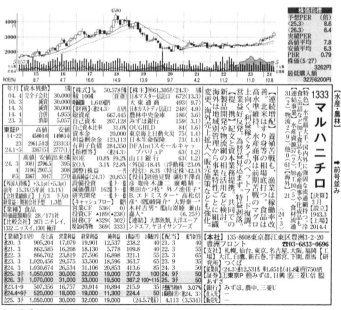

営業利益率は低いことがわかる。

これらに目を通した後、記事を読む。記事は「業績予想記事」と「材料記事」の２本立てになっている。

業績予想記事は【連続増配】なので、悪くはない。養殖は苦戦しているものの、漁業の稼働率が改善し、北米ではすり身の相場が底打ち。食品は高水準維持。水産事業はマグロが上向き。タイのペットフードが復調。このように、業績面ではポジティブな材料が揃っている。

材料記事では【提携】とある。紀文食品（２９３３）と資本業務提携とある。共同で新製品開発や流通網の相互活用を検討、ということだ。

総資産で比べると、紀文食品の７０９億９２００万円に対して、マルハニチロのそれは６６７４億４５００万円なので、圧倒的にマルハニチロが大きい。このような場合、将来的にはマルハ

2933 (株)紀《き》文《ぶん》食《しょく》品《ひん》　【決算】3月　【設立】1957.11　【上場】2021.4

【特色】国内外で水産練り製品、総菜など食品製造販売。マルハニチロと資本業務提携。利益は下期偏重

【連結事業】国内食品71(4)、海外食品11(5)、食品関連17(4)【海外】11

〈24・3〉

【増益続く】国内食品は練り製品の需要着実。すり身価格沈静化で人件費や光熱費の増加かわす。食品物流堅調。海外は「かにかま」復調で「糖質0g麺」アジア投入も効く。営業益伸長。会社計画慎重。増配幅拡大か。

【協　業】マルハニチロが当社発行済み株の9・9%取得し資本業務提携。製造販売や共同開発等で協力。新市場開拓進め26年度売上高1200億円、営業益60億円狙う。

（出所）『会社四季報』2024年3集夏号

ニチロが紀文食品を完全子会社にする可能性も否定はできないので、一応、紀文食品の記述にも目を通しておく。

当面、マルハニチロは紀文食品の発行済株式の9・9％を握ったと書かれている。今後の両者の関係には注目しておくと良いだろう。

【ポイント2】業績と財務を見る

【業績】の推移をチェックする。私の場合、基本的に増収増益の企業にしか投資しないので、今期、来期が増収増益になっているかどうかをチェックする。

二期分の業績予想を見ると、2024年3月期決算の売上高が1兆3067400万円であるのに対し、2025年3月期予想が1兆500億円、2026年3月期予想が1兆700億円と増収基調となっている。

また営業利益も2024年3月期の265億3400万円に対して2025年3月期予想が300億円、2026年3月期予想が310億円と増益基調だ。

ただし、純利益がいささか2024年3月期に比べて落ち込むのが気にはなるが、2025年3月期予想の数字に対して、2026年3月期は若干増益予想となっているので、基本的には悪くないと判断できる。これらの数字から、基本的に業績面について懸念材料はないと考えられる。

業績を見たら、次は【財務】に記載されている数字だ。

財務で真っ先に注目するのは「自己資本比率」だ。この数字はできるだけ高いほうが良い。個人的には70％は欲しいところだが、業種によって事情が異なるのも事実だ。たとえば建設や不動産は借金が多い傾向があるので、自己資本比率は低めに出てくる。ちなみにマルハニチロのそれは31・0％だから、私の基準からすると低い。その分だけ借金の額が大きいことが窺われる。

ちなみにマルハニチロの有利子負債は2843億5000万円だ。これに対して【キャッシュフロー】の欄にある「現金同等物」の金額を見ると369億円となっている。この時点で、私の投資対象からは外れてしまう。なぜなら私は、借金をたくさん持っている企業には基本的に投資しないからだ。

前述したように、建設や不動産などレバレッジを効かせて経営を行っている企業はともかく、食料関連企業はそもそもマージンが非常に低い業種なので、あまり借金を抱えていると、資金繰りの面で厳しくなる恐れがある。

資金繰りという点で、【キャッシュフロー】の欄を改めて確認してみると、営業キャッシュフローが536億円の黒字になっているが、有利子負債の額から考えると、いささか少ない。ちなみに、営業キャッシュフローがマイナスになっている企業は、いくら利益が黒字だとしても投資しない方が無難だ。利益が出ているのに資金繰りが悪化して倒産する「黒字倒産」のリスクがあるからだ。

【ポイント3】バリュエーションをチェックする

最後にチェックするのが【配当】と【株価指標】、そしてチャートの形だ。【配当】のうち「予想配当利回り」の項目を見る。

マルハニチロのそれは3・07％。人によって取りたい配当利回りは異なるので一概に言えないが、長期金利が1％弱の水準で推移している状況下において3％の配当利回りは、株式に投資することのリスクプレミアムを考慮に入れると、特に高すぎることもなければ、低すぎることもない。ここは各自の判断というところだろう。

配当利回りを見たら、次はバリュエーションだ。これは会社四季報のページの上、チャートと共に【株価指標】という項目があるので、これを参考にするとよい。

ところで**バリュエーションとチャートは、銘柄選びの判断材料としては非常にわかりやすいというメリットがあるのだが、一方で先入観が植え付けられやすいという欠点もある。**たとえばチャートを見た時、めちゃくちゃに下げていたりすると、「ああ、この会社はきっとダメなんだな」と考えてしまいがちだ。一旦、そういう先入観を植え付けられてしまうと、会社四季報の業績予想記事や材料記事に書かれている内容がすべて、ダメなもののように思えてきてしまう。

またバリュエーションを見た時、ＰＥＲやＰＢＲが非常に低い水準だと、すべてが良く思えてくるものだが、何か買われない理由があるからこそ、その企業の株価が割安なままで放置されているということも、十分に考えられる。

つまりバリュエーションにしてもチャートにしても、ポイント2までに見てきたさまざまな項目の結果に過ぎないということを、まずは理解しておくべきだろう。バリュエーションやチャートがこうだから、業績や財務、各種の材料が規定されるのではなく、業績や財務、各種材料があって初めて、バリュエーションやチャートが規定されるのだ。だからこそ、最初にバリュエーションやチャートを見るのではなく、最後にそれらを見るべきである。

バリュエーションについては、さまざまな媒体でもその見方が説明されているし、私自身の見方もそれらと大きく違うわけではないので、特にここで詳述するつもりはない。ＰＥＲについては、実績ＰＥＲに対して予想ＰＥＲが低くなっているものを選ぶと良いだろう。なぜなら、将来に向けて利益が増えると思われているからだ。

ＰＢＲは１倍割れを割安とするが、なかには万年割安銘柄といって、ＰＢＲ１倍割れのままで放置されてしまう銘柄もあるので、単純にＰＢＲが１倍を割り込んでいれば割安とは考えないほうが良い。ここは業績の伸びなども踏まえたうえで、今の株価は割安だけれども、業績自体は伸びる余地があると思える銘柄を選ぶようにしたいところだ。

そしてチャートだが、会社四季報に掲載されているのは「月足」といって、１カ月間における「始値」、「高値」、「安値」、「終値」を１本のローソク足で表現しているものが掲載されている。

したがって、日足や週足に比べると情報量は限定されるが、それでも必要最低限の判断材料にはなるはずだ。

見方としては、まずローソク足が上昇トレンドなのか、下降トレンドなのかを把握できるし、移動平均線が２本、チャート上に描かれているので、ローソク足が移動平均線の上にあるのか、それとも下にあるのか、あるいは移動平均線が上向きに推移しているのか、下向きに推移しているのかを確認できる。ちなみに移動平均線の実線は12カ月移動平均線、点線は24カ月移動平均線を示している。

これだけ確認できれば、かなりの情報になるだろう。

マルハニチロのチャートを確認すると、２０２３年の半ば以降は基本的に上昇トレンドであり、ローソク足は2つの移動平均線の上にある。ということは、過去2年間、あるいは過去1年間でマルハニチロに投資した人は、その大半が値上がり益を得ていることになる。

以上、3つのポイントで会社四季報を読む時の注目箇所について説明してきたが、恐らく最初のうちは1銘柄を読むのに5分くらいの時間を要するだろう。

でも、今の私がそうだが、慣れると1分で1企業の情報を分析できるようになるはずだ。それは、会社四季報に掲載されているデータは、たとえ会社が違ったとしても、全く同じフォーマットで書かれているからだ。

ちなみに、途中で自分の意図するところとは違う銘柄だったとしても、記載されている情報にはすべて目を通したほうが良い。なぜなら、すべての条件が非常に悪いケースもあるからだ。

前述したように、記載されている情報がすべてネガティブであるケースは、ほとんどない。上場企業が3600社超あるとしても、ネガティブな情報しか掲載されていないような企業の数は、せいぜい10社あるかないか、である。時には全くないこともあるくらいだ。

つまり、ここまで悪い企業は、もはや悪材料出尽くしで、これからは徐々に株価が値上がりに転じる可能性もある。とはいえ、悪すぎるあまり倒産してしまっては元も子もないので、自己資本比率が高く、有利子負債の小さな企業を選んで投資する必要がある。

【ポイント4】記事の注目ワード

前述したように、会社四季報の記事欄は「業績予想記事」と「材料記事」の2本立てになっていて、基本的に業績予想記事の前半には今、どういうことが起きているのか、後半にはこれから何が起こるのかが書かれている。

こうした記事を読むうえで、注目しておきたいワードがいくつかある。

たとえば「急反発」、「底打ち」、「史上初」、「史上最大」、「過去最高」といった類の、要はマックスやミニマムを示すワードには注意を払っておいたほうが良いだろう。何か大きな変化が生じるきっかけが隠れている可能性があるからだ。これは会社四季報を読む場合に限らず、新聞などに目を通す場合にもあてはまる。

記事に書かれている内容を細かく読むと、2つの構造になっていることがわかる。何かというと、記事の前半は今、起こっていること、後半はこれから起こると考えられること、という2つの構造になっているのだ。

株価は、良しにつけ悪しきにつけ変化を好む。その変化が材料となり、株価が大きく動く。

たとえば変化という点において、社長をはじめとするマネジメントの交代などは、株価の値動きを予測するうえで重要なファクターになる。株価がずっと低迷続きのなかで、経営者が交代するとなれば、新しい経営者は株価を上げようとするだろう。こうしたちょっとした経営の変化を、記事欄から読み取る必要がある。

株価が日々、乱高下しているような銘柄であれば、この手の変化はあまり関係なく、どちらかというと日々の需給動向の影響を受けて売買されるが、私が投資する銘柄のように、バリューに主軸が置かれ、株価のボラティリティが小さい銘柄の場合は、こうした変化の材料によって比較的長く、株価が動くケースが見られる。

また、「国内トップ」、「海外トップ」といったような、市場シェアを示す言葉も重要な意味を持っていることが多い。

基本的にトップシェアの製品やサービスを持っている企業は、価格決定権を持っているようなものなので、価格競争に巻き込まれにくい可能性がある。市場シェアは企業の力といっても良い。

【ポイント5】 株価よりも時価総額で考える

先ほど、チャートについて触れた。チャートは、株価の動向を示すものだが、実際に会社の価値を考える時には、株価よりも時価総額に着目することをおすすめする。特に、事業規模に対する市場評価が過小なのか、過大なのかを判断する際には、株価よりも時価総額がわかりやすい。

先に説明したPSR（株価売上高倍率）は、まさにそれを見るための指標で、時価総額を売上高で割って求められるものだが、この計算で求められる数字が小さいほど、株式市場での評価が割安になる。そして、売上高に対して極端に時価総額が小さい企業の場合、遅かれ早かれそのギャップは是正されると考えて良いだろう。たとえば売上高が1000億円ある企業の時価総額が300億円しかなかったら、これはどう考えても株式市場での評価が低いと考えられる。

私は自分が投資している企業の株主総会には、時間が許す限り出席するようにしている。その目的は、経営者に3つの質問をするためだ。

3つの質問とは、**①御社がビジネスを展開している市場の規模感をどのくらいと見ているのか、②その市場規模は今後どのくらいまで伸びるのか、③5年後、あるいは10年後に**

御社はどのくらいの市場シェアを握っていると考えているのか、ということだ。それだけを質問すれば、企業のポテンシャルは大体わかる。

たとえば現在の市場規模が1兆円だとして、その企業の市場シェアが10％だとすると、単純計算で売上高は1000億円になる。そうであるにもかかわらず、その企業の時価総額が500億円だとしたら、少なくとも時価総額は倍になる可能性を持っていることになる。つまり株価は倍だ。

次に、この1兆円の市場規模が、10年後にはどのくらいまで拡大するのかを質問する。それに対する経営者の答えが、「10年後には5兆円まで伸びるでしょう」という話になったら、仮にその企業の市場シェアが10％のままで変わらなかったとしても、5兆円の10％で、売上高は5000億円まで伸びることになる。現在の時価総額が500億円だから、これでテンバガーの達成だ。

さらに、それだけ市場が成長していくなかで、どのくらいまでシェアを伸ばせるのかを質問し、それに対する答えが「20％は獲れると思います」ということであれば、5兆円の20％で売上高は1兆円になる。となると、今から10年後にかけて市場規模が5兆円に伸び、そのなかでシェア20％を確保できるというシナリオが実現すれば、株価は20倍になるポテンシャルを秘めていることになる。

株価を基準にして割高、割安を判断するためには、ＰＥＲやＰＢＲを用いるというのが、一般的な投資の教科書に書かれているが、それよりも時価総額と売上で考えたほうが、より実践的である。

【ポイント6】過去最高益と過去最高値を比較する

株価の上値余地という観点から言うと、株価の高値にも注目したほうが良い。これが最も簡単にできる上値余地の推測方法だからだ。

たとえば業績予想記事に【過去最高益更新】という見出しが出たとしよう。もし、業績が過去最高益を更新する見通しだとするならば、当然、株価も過去最高値に向けて値上がりしていなければおかしい。

ところが、なかには過去最高益更新という見出しが出ているにもかかわらず、株価があまり反応していないケースがある。それは、たとえば今期だけ特殊事情があって純利益が大幅増益になったとか、あるいは来期の決算が少し悪くなりそうだから、といった理由があるにしても、これまでの経験則で言うと、あまり関係ない場合が多い。たとえ来期の業績が若干悪くなったとしても、あるいは今期のみ特殊要因で純利益が大幅増益になるとしても、過去最高益を更新できるだけの地力がある企業であれば、業績は着実に伸びていき、同時に株価も業績を徐々に織り込みながら値上がりしていく。だとすれば、過去最高益更新の時に株価が過去最高値に向けて値上がりしていない銘柄は買い、ということになる。

ちなみに株価の最高値と最安値は左上のボックスに書いてある。マルハニチロの場合、2018年に4580円の高値をつけている。安値は2014年の1498円なので4年で3倍まで株価が上がった過去を持っていることがわかる。

【ポイント7】もう一度、見直す

ポイント6までのところで、会社四季報の見どころをほぼカバーしたことになるが、ここから先はもう少し深読みする。

初心者のうちはなかなか難しいが、ポイント6までのところを私はだいたい1分でチェックする。こうして1冊の会社四季報から100銘柄、あるいは200銘柄程度に付箋を貼り、それが投資対象としてのユニバースを形成することになる。

会社四季報を読む作業は、ここで終わりではない。大事なのは、付箋を貼り付けた100銘柄、200銘柄をもう一度、見直すことだ。そもそも時間の制約があるなかで、できるだけ効率的に目を通しているのだから、どうしても見落としが発生する。それを防ぐのと同時に、最初のうちは見ていなかった細かい項目も見て、そこから新たな気付きを得たりもする。

たとえば従業員が何名いるのか、社員の平均年齢が何歳で、平均年収はいくらなのか、といった点も見ていく。社員の平均年齢は、できることなら若いほうが良いし、さらに平均年収が高ければ、社員の仕事に対するモチベーションは高いのではないか、などと推察できる。

そんなことをチェックしつつ、改めてしっかり見ておきたいのが【株主】と書かれている項目だ。これは主要株主の持ち株比率が記載されている。

株主構成で注目する点は2つだ。1つは株式の持ち合いがあるかどうか。もう1つは新興企業や中小型企業にありがちだが、オーナー企業かどうかという点を見るようにしている。

株式の持ち合いについては、持ち合っている先の保有比率が上位にある時は、株価にとってネガティブな材料になる。資本の効率性を高めるために持ち合い解消を進めようとしている企業は多く、その売りが出てくれば、株価下落要因になるからだ。

長期的には資本の効率性が改善され、株価にとってポジティブな材料になる可能性はあるものの、目先は売り圧力が強まることも考えられるので、注目しておくに越したことはないだろう。

オーナー企業かどうかについては、特にグロース系の新興企業、中小型企業に投資する際には重視したいポイントになる。というのも、オーナー系企業は経営者自身が最大株主だったりするので、株主還元や株価に対する経営者の関心が高くなる。というのも、配当を高めに出したり、自社株買いで株価を高くしたりすることが、最終的に経営者自身の資産価値を高めることに直接、つながっていくからだ。

この点、いわゆる「サラリーマン経営者」で、一応自分の会社の株式を持っているとしても、大株主名簿に名前が挙がって来ないような保有株数しか持っていない経営者は、株価に対する意識が、どうしても甘くなる。投資家からすれば、やはり株価や株主還元に対する意識の高い経営者に、経営してもらいたいと思うだろう。

またグロース企業の場合、上場から5年程度が経過した時点で、資本提携先に大企業が含まれているかどうかにも注目している。

これも前述したが、新興のグロース企業の株主に、NTTやセールスフォースやソニーといった大企業が入っているということは、これらの大企業がビジネス展開していくうえで、こういった新興企業のビジネスに注目していることになるからだ。

ある意味、大企業が認めてくれた、真面目に仕事に取り組んでいるというお墨付きを、大企業から得たのと同じことになるので、新興のグロース企業にとっては、自らのビジネスをアピールする際の強力な武器になる。

もう1つ、株主構成で見落としてはいけないのが〈外国〉と書かれているところの数字だ。これは外国人投資家の持ち株比率を示している。

基本的に、外国人投資家の持ち株比率は高いほうが良いと考えている。なかには、外国人投資家を嫌がる人もいるが、外国人投資家が買っているということは、その企業に何かしらの関心を持っている証拠になるからだ。

会社四季報を読んでいくとわかることだが、〈外国〉の数字がほぼゼロか、それに近いくらいに低い企業も少なくない。

そのなかで外国人投資家の持ち株比率が高い企業は、何らかの形でその企業の情報がしっかり外国人投資家に伝わっていて、関心を持たれていることになる。それは基本的に良いことと私は考えている。

それと、ついでに〈浮動株〉の数字も見ておきたい。これは浮動株比率といって、特定の株主によって政策的に保有されている株式ではなく、株式市場を通じて売買されている株式の比率を示したものだ。

浮動株比率が低い銘柄の株価は、何かの拍子に人気化した時、物凄い勢いで株価が値上がりするケースがある。特に中小型株のように、発行済株式数そのものが少なく、かつ浮動株比率が低いほど、その傾向は顕著に現れる。

ただし、浮動株比率が低くて株価が急騰した銘柄は、逆に売りがかさんだ時に、株価が急落するリスクがあることにも留意しておく必要がある。

とはいえ、外国人投資家の持ち株比率と浮動株比率のどちらを重視するかというと、私は外国人投資家の持ち株比率を重視するようにしている。

【業績】に関しても、ポイント2では今期予想と来期予想しか見ていないが、改めて見直す時には、さらに遡って業績をチェックする。会社四季報は、たとえば2024年3集だと、2024年3月期の本決算が掲載されているが、それを含めて5期分の業績推移を見ることができる。

たとえばグロース企業であれば、基本的に売上高が4期で倍になるくらいのペースで成長して欲しいので、もしグロース企業に投資するのであれば、この業績欄で過去の推移を見れば、成長のペースを把握できる。

そして、これも再読する時で構わないのだが、業績欄の左上にある【業種】もチェックしておくと良い。

たとえば東京製綱（5981）を見てみよう。【業種】は鉄鋼で、時価総額順位は45社中31位となっている。鉄鋼セクターのなかで時価総額31位という意味だ。そして、【比較会社】として日亜鋼業（5658）と神鋼鋼線工業（5660）が取り上げられている。業績などを見る時には、比較会社同士で伸び率などを比べてみても面白い。

東京製綱の2024年3月期決算を見ると、売上高が642億3100万円で、営業利益が39億100万円。そして2025年3月の予想が、売上高が630億円で、営業利益が39億円だから、減収減益になっている。

では、比較会社はどうなのかというと、日亜鋼業の2024年3月期決算が、売上高344億9700万円で、営業利益が

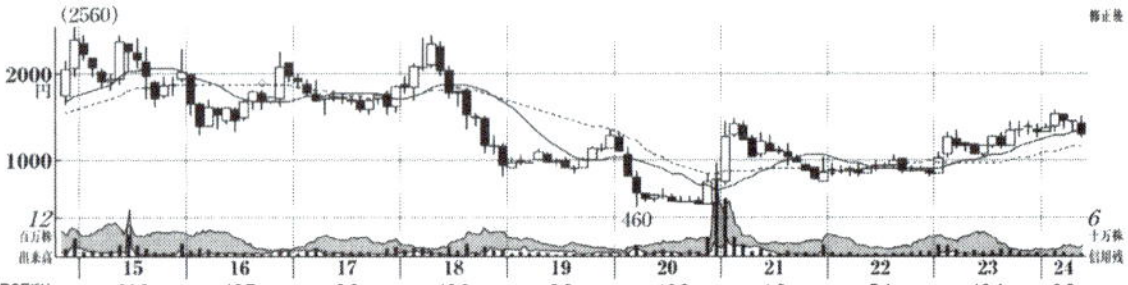

ROE(%)	15	16	17	18	19	20	21	22	23	24
	24.3	12.7	8.3	10.2	0.6	▲10.9	1.9	5.4	13.4	6.2

株価指標
予想PER（倍）
〈25.3〉 6.9
〈26.3〉 6.4
実績PER
高値平均 14.3
安値平均 8.7
PBR 0.60
株価（5/27） 1303円
最低購入額 13万300円

【金属製品】
5981 東《とう》 京《きょう》 製《せい》 綱《こう》
➡前号並み
【決算】3月
【設立】1887.4
【上場】1949.5

【特色】ワイヤロープ最大手。タイヤコードや道路安全施設も。炭素繊維ケーブル（CFCC）を拡大
【連結事業】鋼索鋼線関連44（9）、スチールコード関連12（▲3）、開発製品関連28（4）、産業機械関連13（8）、エネルギー不動産10（6）【海外】〈24・3〉連6関

【一服】CFCCが米国、国内大型橋梁向けの納入本格化。タイヤ用スチールコードも合理化、価格転嫁で黒字化。だがロープが好採算案件一巡で収益悪化。営業益横ばい。為替差益見込まず。特損ない。増配も。
【新中計】前3年間で急回復の収益力を一段強化しROE8%台目指す。道路等土木用CFCCや橋梁ケーブル、係留ロープの洋上風力発電関連を重点事業として育成。

年月	【資本異動】	万株
06. 1	交換	16,268
14. 7	*優0.25万株（100万円）	16,268
	減資	
16.10	併10→1	1,626

東証P	高値	安値
49~22	**3520**(88)	**35**(02)
23	1460(9)	834(1)
24.1~5	1596(2)	1262(5)

	高値	安値	出来万株
24. 3	**1531**	1360	139
4	1450	1337	80
#5	1525	**1262**	97

【外国人持株】+2.1pt（+5.2pt）
前年 13.5%（5年前 10.4%）
【会社業績修正】上方2 下方0
経常益÷期初会社予想 1.3倍

【業種】鉄鋼
時価総額順位 31／45社
【比較会社】5658 日亜鋼業, 5660 神鋼鋼線

【株式】5/30 16,268千株
単位 100株 貸借
時価総額 211億円
【財務】〈連24.3〉 百万円
総資産 85,844
自己資本 34,567
自己資本比率 40.3%
資本金 1,000
利益剰余金 18,570
有利子負債 22,702
【指標等】〈連24.3〉
ROE 6.2% 予8.7%
ROA 2.4% 予3.5%
調整1株益 －円
最高純益（14.3） 4,747
設備投資 1,388 予2,000
減価償却 2,059 予2,100
研究開発 1,290 予1,500
【キャッシュフロー】百万円
営業CF 3,432（ 3,126）
投資CF ▲301（▲1,693）
財務CF ▲3,966（ ▲405）
現金同等物 4,939（ 5,730）

【株主】単6,298名〈24.3〉 万株
日本製鉄 323（19.8）
日本マスター信託口 168（10.3）
日本カストディ信託口 82（ 5.0）
KSD－NH 79（ 4.8）
BNY・GCMクライアントJ PRDISGFEAC 67（ 4.1）
東京ロープ共栄会 50（ 3.1）
ハイレックスコーポ 40（ 2.4）
自社（自己株口） 32（ 2.0）
横浜ゴム 26（ 1.6）
自社グループ従業員持株会 23（ 1.4）
〈外国〉15.6% 〈浮動株〉17.5%
〈投信〉 8.3% 〈特定株〉55.3%
【役員】(社)原田英幸 (取)寺園雅明 森忠大 喜旦康司 樋口靖* 上山丈夫* 葛岡利明* 名取勝也* 狩野麻里* 山本千鶴子* (常監)堀内久資 (監)小澤陽一* 井野誠一郎* 福井達二 （6.27予）
【連結】東綱スチールコード

【業績】(百万円)	売上高	営業利益	経常利益	純利益	1株益(円)	1株配(円)
連20. 3	63,090	319	446	▲2,434	▲151.1	0
連21. 3	59,183	700	209	408	25.3	0
連22. 3	63,780	1,621	2,021	1,306	81.1	20
連23. 3	67,135	3,305	3,653	3,783	234.9	35
連24. 3	64,231	3,901	4,753	2,040	128.1	40
連25. 3予	63,000	3,900	3,900	3,000	189.8	40~45
連26. 3予	65,500	4,200	4,200	3,200	202.4	40~45
連23.4~9	30,578	1,184	1,437	1,017	63.9	0
連24.4~9予	30,000	1,100	1,100	900	56.9	0
会25. 3予	63,000	3,900	3,900	3,000	（24.5.13発表）	

【配当】	配当金(円)
19. 3	40
20. 3	0
21. 3	0
22. 3	20
23. 3	35
24. 3	40
25. 3予	40~45

予想配当利回り 3.07%
1株純資産(円)〈連24. 3〉
2,187 （1,948）

【本社】135-8306東京都江東区永代2-37-28 澁澤シティプレイス永代 ☎03-6366-7777
【支店】関西, 大阪, 名古屋, 九州, 札幌, 仙台, 盛岡【営業所】6【工場】土浦, 堺
【従業員】〈24.3〉連1,488名 単530名（40.8歳）年604万円
【証券】上東京P 幹日興 名三井住友信 監EY新日本
【銀行】みずほ, 三菱U, 三井住友信, 常陽, 三井住友, りそな
【仕入先】日本製鉄
【販売先】横浜ゴム

（出所）『会社四季報』2024年3集夏号

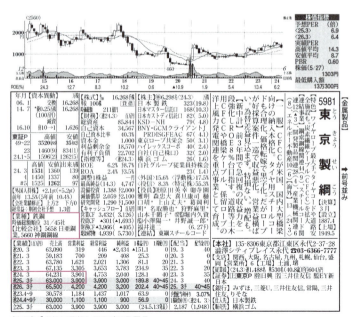

13億3500万円。2025年3月の予想が、売上高365億円で、営業利益が17億円だから増収増益だ。

売上高や営業利益の規模では東京製綱が上だが、2025年3月期に向けての業績評価は、減収減益予想の東京製綱よりは、増収増益の日亜鋼業に分があるので、株式市場でも注目される可能性は高いのではないか、といった連想を膨らませるうえで、この欄は役にたつ。

最後に会社のホームページをチェックする

会社四季報は、投資先を探すのに十分な材料を提供してくれる。でも、さらに深く企業の事を知りたいと思った時は、その企業のホームページをチェックするのが一番良い。上場企業であれば、どの企業も「IR」のコーナーを用意しているので、そこに置かれている資料に当たれば、かなりの程度までその企業を知ることができる。

私自身も結構、企業のホームページはチェックするようにしている。

ホームページにアクセスし、「トップメッセージ」の項目をクリックした時、社長の顔写真が出てくると、なぜか安心する。

株式を上場していても規模が非常に小さい企業だったり、遊技機メーカーのような規制産業だったりすると、社長の顔写真がなかったりする。

別に顔写真が出てこなくても、しっかり経営をしてくれれば良いのだが、顔写真がないと、どうもいらぬ勘繰りをしてしまう。業界によってあまり堂々と世間に顔を出しにくいとか、社長が銀座で遊んでばかりいるからとか、実際のところはよくわからないものの、妙な憶測を生む恐れはある。社長はその企業を代表する人物なのだから、やはり正々堂々と顔写真を出して、明確なメッセージを発信するべきだろう。

ビジネスモデルの説明も、誰が見てもわかりやすいように書かれているのが望ましいし、メーカーであれば商品を前面に出しているのが望ましい。投資家全員が企業のビジネスモデルに精通しているわけではないので、ビジネスモデルや商品・サービスについてわかりやすく説明されているのは、とても重要だ。

こうした点も含めて、**企業のホームページにおいて、IRのページが非常にアクセスしやすく設計されているかどうかも、私は常に注視している。**

小売や最終消費財など、ＢｔｏＣのビジネスモデルを持つ企業であれば、消費者が直接、その製品を使ったり、実際に店舗に行ったりすれば、何を販売しているのか、どのような店舗展開をしているのかが、何となくわかるものだが、BtoBといって企業対企業の取引で収益を得ている企業の場合、どういう企業なのかを一消費者でもある個人投資家が理解するのは、いささか難しい。

たとえばSUMCO(3436)という企業名を聞いて、何を主事業とした企業かを即、答えられる人は、少ないだろう。

でも、この企業は半導体の原材料となるシリコンウエハを製造していて、信越化学工業(4063)とともに、世界シェアの60%を握っている。それを個人投資家にわかってもらえるようにするための展示棚は、ホームページ以外にないのだ。

そうである以上、特にBtoBのビジネスモデルを持っている企業ほど、誰にでもわかりやすいホームページをつくる必要がある。「どうせ誰も見ていないだろうから」などと言って雑なホームページをつくっていると、一事が万事で、その企業自体が雑なイメージで捉えられてしまう。

特にここ1、2年の動向だが、個人投資家を対象にしてIR活動を積極化させようとしている企業が、徐々に増えている印象を受ける。「IRを刷新してホームページを作り直した」とか、「上場以来、初めて決算説明会を開催した」、「個人株主向けの会社説明会を実施した」と言った話を耳にするようになった。

個人株主向けの会社説明会を開いてくれるというのであれば、それには是非、参加することをおすすめする。そして前述した、私が株主総会で経営陣に対して行っている3つの質問をすれば良い。①御社がビジネスを展開している市場の規模感をどのくらいと見ているのか、②その市場規模は今後どのくらいまで伸びるのか、③5年後、あるいは10年後に御社はどのくらいの市場シェアを握っていると考えているのか、ということを質問する。

その時、「あ、この社長なら安心して経営を任せておける」と思えるのは、これらの質問に対して、明確な数字を挙げて説明してくれた時だ。

もちろん、この手の数字を挙げたからといって、必ず達成できる保証はどこにもない。それこそ会社四季報だって二期予想が限界だし、必ずそれが当たるとも限らない。

でも、ここで大事なのは、社長が自信を持って数字を挙げて語れるかどうかという点だ。恐らく社長も絶対に達成できると思って数字を語るわけではない。ただ、明確なビジョンを持っている社長であれば、そのビジョンを達成するために必要な、具体的なプランをしっかり立てている。

こうしたプランを持っている社長は、仮に目標を達成できない恐れが生じてきた場合でも、状況に応じてフレキシブルに対応できる。

逆に、将来予測を明確に語れない社長は、最悪だ。「世界一のＡＩ会社になります」とだけ言われても、具体的なイメージが全く浮かんでこない。仮に世界一のＡＩ会社になるとしても、いつまでに、どれだけの世界シェアを達成するのかを、数字を挙げて語れない社長は、信用できないし、そのような社長が引っ張っている企業には投資できない。具体的な数字を持って語れない社長は、社長自身が何もわかっておらず、場当たり的にさまざまな事業に手を広げている恐れすらある。

社長の資質という点では、グロース企業にはあまり見られないが、大企業の社長にありがちなのが、株主総会で質問に答える時、いちいち後ろに控えているスタッフに確認してから答えるケースだ。この手の社長の資質は、疑ってかかったほうが良いだろう。

第4章のポイント

☑ 四季報は2ページ目の「【見出し】ランキングで見る業績トレンド」、3ページ目の「市場別業績集計表」から読む

☑ 先入観なく投資銘柄を判断するために、バリュエーションやチャートのチェックは後回し

☑ 個人株主向けの会社説明会に参加する際には、3つの質問を行うことで経営者の資質を測ることができる

第5章

【実践編】エミン流で見つけたお宝銘柄

2022年時点で注目していたお宝銘柄

業績のV字回復に着目～東洋水産（2875）

この銘柄に注目したのは2022年の頃なので、ちょうど新型コロナウイルスの感染拡大が深刻化していた時期だ。中小型株の値動きがやや鈍かったこともあり、もう少し規模の大きな中型株を狙おうとして会社四季報（2022年3集夏号）をパラパラとめくっていた時、ちょっと目に入ってきた銘柄だった。

何が目に入ったのかというと、業績予想記事の見出しだ。ここに【V字回復】と書かれているのが目に留まったのだ。

記事を読むと「前期不調の海外即席麺は人手不足改善で急回復。国内も高単価商品拡大効く。原材料高重いが国内外ともに値上げ効果発現」と書かれている。

この時期から世界的にインフレが進み始めていて、原材料費の値上がりが利益を圧迫していたものの、商品の値上げを行っていて、その効果が徐々に現れていることがわかる。

「急回復」というワードも良い。

また後半の材料記事には【中計】とある。中期経営計画のことだ。それによると、「25年3月期に売上高4300億円、営業利益420億円目標」とある。営業利益率は10％で、これは食品会社としては相当、いい線を行っている。これも大きなプラス材料といって良いだろう。

財務を見ると、自己資本比率が78・1％だから、これは非常に高い。私の投資判断基準からすると完全に合格点だ。現金同等物が293億円ある一方、有利子負債は3億7800万円しかない。借金なしのキャッシュリッチ企業だ。

そのうえ業績推移を見ると、売上高は、2022年3月期決算が3614億95

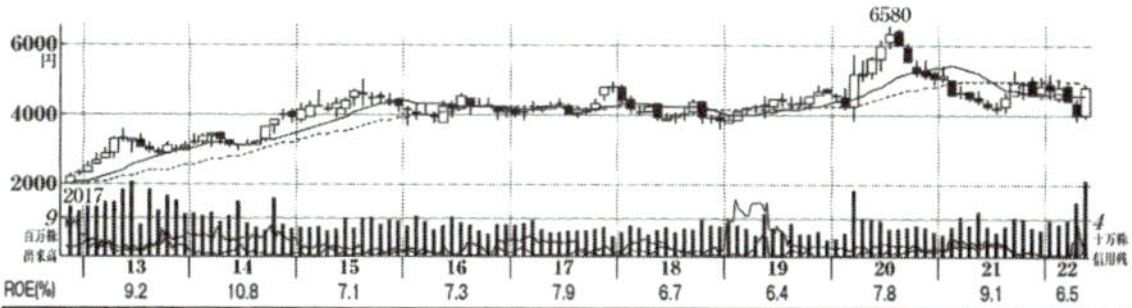

株価指標
予想PER （倍）
〈23.3〉 18.2
〈24.3〉 16.6
実績PER
高値平均 24.1
安値平均 17.1
PBR 1.38
株価(5/30) 4800円
最低購入額 48万円

【食料品】 ⬆前号比増額

2875 東《とう》洋《よう》水《すい》産《さん》
【決算】3月
【設立】1948.4
【上場】1970.9

【特色】戦後水産事業から出発。即席麺は国内2位。米国、メキシコでは圧倒的首位。チルド製品も展開
【連結事業】水産食品7(1)、海外即席麺32(9)、国内即席麺26(11)、低温食品14(2)、加工食品5(1)、冷蔵6(10)、他9(2)【海外】32〈22・3〉

【V字回復】前期不調の海外即席麺は人手不足改善で急回復。国内も高単価商品拡大効く。原材料高重いが国内外ともに値上げ効果発現。新製品発売に伴う販促費増こなし営業益大幅反発。創業70周年記念配か。

【中計】25年3月期に売上高4300億円、営業利益420億円目標。達成には海外即席麺の大幅な伸びが不可欠。需要増に対応で海外新工場に約100億円投資へ。

【本社】108-8501東京都港区港南2-13-40 ☎03-3458-5111
【工場】焼津，埼玉，北海道，相模，福岡，関西，田子，関東
【従業員】〈22.3〉連4,839名 単2,231名(40.7歳)年607万円
【証券】上東京P 幹(主)日興(副)野村，大和 名三井住友信 監あずさ
【銀行】三井住友
【仕入先】—
【販売先】三井物産

年月【資本異動】		万株
87. 5	無1:0.05	8,077
89. 5	無1:0.1	9,459
99. 4	消却	11,088
06. 9	交換	11,088
09.10	交換	11,088

東証P	高値	安値
70~20	6580(20)	188(70)
21	5440(1)	4115(7)
22.1~5	5210(1)	3815(4)

	高値	安値	出来万株
22. 3	4860	4370	863
4	4470	3815	1,304
#5	4865	3935	2,040

【外国人持株】▲0.4pt(+0.8pt)
前年 42.3%(2年前 41.1%)
【会社業績修正】上方1 下方1
経常益÷期初会社予想 1.0倍
【業種】食品
時価総額順位 7／171社
【比較会社】2897 日清食品H，2919 マルタイ，2802 味の素

【株式】5/30 110,881千株
単位 100株 貸借 優待
時価総額 5,322億円
【財務】〈連22.3〉 百万円
総資産 454,670
自己資本 354,882
自己資本比率 78.1%
資本金 18,969
利益剰余金 302,223
有利子負債 378
【指標等】〈連22.3〉
ROE 6.5% 予7.6%
ROA 4.9% 予5.9%
調整1株益 —円
最高純益(21.3) 29,070
設備投資 131億 予260億
減価償却 152億 予160億
研究開発 ‥億 予 ‥億
【キャッシュフロー】 億円
営業CF 332(477)
投資CF ▲273(▲499)
財務CF ▲95(▲85)
現金同等物 293(328)

【株主】単14,027名〈22.3〉 万株
日本マスター信託口 1,557(14.0)
自社(自己株口) 870(7.8)
ステート・ストリート・バンク&トラスト505223 812(7.3)
日本カストディ信託口 468(4.2)
一般財団法人東洋水産財団 303(2.7)
ステート・ストリート・バンク&トラスト505001 184(1.6)
三井住友銀行 176(1.5)
ステートストリートBウエストトリーティ505234 175(1.5)
マルちゃん持株会 170(1.5)
(株)榎本武平商店 166(1.4)
〈外国〉41.9% 〈浮動株〉 4.9%
〈投信〉 8.2% 〈特定株〉44.1%
【役員】(会)堤殷 (社)今村将也 (専)住本憲隆 沖斉 (常)真喜屋理恵子 望月正久 村上修 (取)葉山知秀 松本千代子 東目浩一 谷地弘安* ⇨欄外
【連結】ユタカフーズ

【業績】(百万円)	売上高	営業利益	経常利益	純利益	1株益(円)	1株配(円)
連18. 3	388,797	26,652	28,571	18,431	180.5	60
連19. 3	401,064	23,661	26,169	18,438	180.5	70
連20. 3	416,031	28,348	31,350	23,379	228.9	80
連21. 3	417,511	36,460	38,697	29,070	284.6	90
連22. 3	361,495	29,737	31,834	22,414	219.5	90
連23. 3予	405,000	36,500	38,000	27,000	264.4	90~100記
連24. 3予	412,000	40,000	42,000	29,500	288.9	90
連21.4~9	170,498	14,796	15,717	10,975	107.5	40
連22.4~9予	194,000	16,000	16,700	11,300	110.6	40
会23. 3予	405,000	36,500	38,000	27,000	(22.5.13発表)	

【配当】	配当金(円)
20. 3	40
20. 9	40
21. 3	50
21. 9	40
22. 3	50
22. 9予	40
23. 3予	50~60
予想配当利回り	1.88%
1株純資産(円)〈連22. 3〉	3,475 (3,246)

（出所）『会社四季報』2022年3集夏号

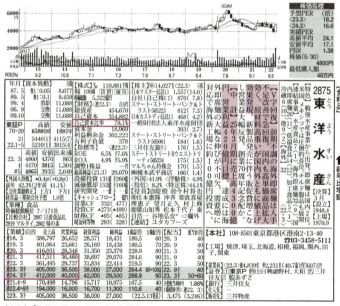

00万円まで落ち込んでいたが、2023年3月期予想は4050億円、2024年3月期予想は4120億円というように、まさにV字回復することを示している。

営業利益も同じで、2022年3月期は297億3700万円に落ち込んだのが、2023年3月期予想が365億円、2024年3月期予想が400億円というように、大きく回復する数字が記載されている。

では、株価はどうなっているのかというと、月足チャートを見る限りにおいては、どんどん値上がりするようには見えない。直近高値は2020年7月につけた6580円で、それ以来、ずっと横ばいで推移していた。

ただ、足元の値動きを見ると、2022年の3月、4月と2カ月連続して陰線が続いた後、5月に反発して大きな陽線が立っている。出来高も2022年に入ってからは月を追うごとに増えていて、5月に一段と増えていることが確認できる。

さらに株価を遡ると、この時期の株価水準は、2015年の半ばからほとんど変わっていないこともわかる。ということは、ほぼこのあたりが株価的にはボトムに近いと考えられる。つまりダウンサイドリスクはかなり限定的ということだ。

私が銘柄を選ぶ時には、いかにダウンサイドリスクが小さいかということも重視しているので、この点でも東洋水産株は合格ということになる。

実は、この時期から私自身、食品関連企業の株式に投資するようにしていた。なぜなら**食品関連企業を防衛産業の一種であると考えていた**からだ。

日本は海外から多くの食品を輸入している。たとえば、トウモロコシ、牛肉、豚肉、鶏肉、大豆、小麦、砂糖、チーズなどの乳製品、オリーブ油など実にさまざまだ。これら海外から輸入している食品が、何らかの事情で輸入できなくなったら、日本は兵糧攻めに遭ってしまう。日本人がこれからも生きていくためには、食品輸入は必要不可欠なのだ。したがって、その一翼を担っている食品関連企業は、食糧安全保障の観点からも防衛関連といって良いだろう。つまり、極めて戦略的なセクターなのだ。

東洋水産の株価は、2022年3集夏号が発売された2022年6月時点だと5000円前後で、同年10月には6130円まで値上がりした。その後も4000円台から6000円台を行ったり来たりしていたが、2023年11月から明らかに上昇トレンドへと移って今に至っている。ちなみに2024年5月22日につけた高値は、1万1800円だ。上手く5000円台で拾えたとしたら、株価は倍になっている。

高配当利回りに着目〜JT（2914）

2022年3集夏号からは、もう1銘柄を選んでいる。JT（2914）がそれだ。

「なぜにJT?」という声もありそうだが、これは高配当利回り銘柄という観点から選んだ。何しろ、この四季報が編集されている時点の配当利回りは6%超もあったのだ。ちなみに2024年9月時点の配当利回りは4%台半ばまで低下しているが、同社の場合はそれだけ株価が値上がりしたからだ。

注目ポイントは、これも業績予想記事の内容だ。「紙巻きたばこは国内外で数量減だが、コスト削減効果発現。加熱式は国内軸に増勢。主要ロシア市場のルーブル安解消で利益下押し要因なくなる。前半稼いで一転会社計画の営業増益に」と書かれている。見出しは【連続増益】だから、悪くない。

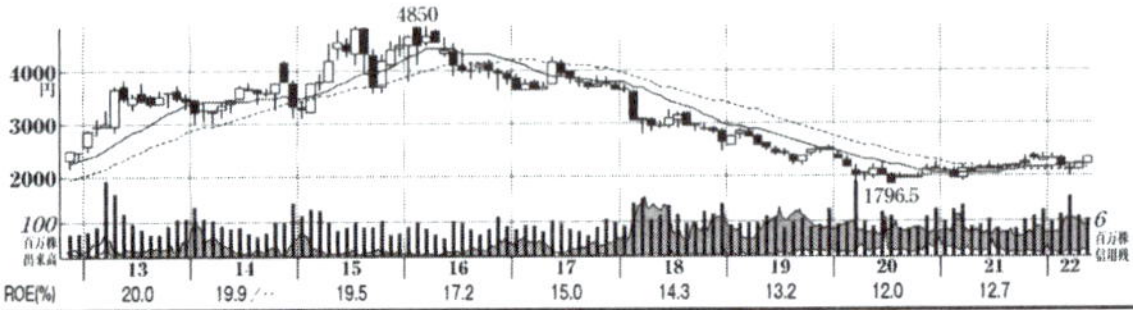

ROE(%) 20.0 19.9 19.5 17.2 15.0 14.3 13.2 12.0 12.7

株価指標
予想PER (倍)
〈22.12〉 11.8
〈23.12〉 11.5
実績PER
高値平均 13.8
安値平均 10.4
PBR 1.44
株価(5/30) 2360円
最低購入額 23万6000円

【食料品】

2914 JT (登記社名 日本たばこ産業)

⬆前号比増額

【決算】12月 【設立】1985.4 【上場】1994.10

【特色】たばこが事業の中核。M&Aで海外たばこ事業を拡大中。食品・医薬品も展開。飲料事業撤退
【連結事業】国内たばこ24(33)、海外たばこ66(30)、医薬3(14)、加工食品6(3)、他0(▲581)【海外】〈21〉1266

【連続増益】紙巻きたばこは国内外で数量減だが、コスト削減効果発現。加熱式は国内軸に増勢。主要ロシア市場のルーブル安解消で利益下押し要因なくなる。前半稼いで一転会社計画の営業増益に。150円配。
【撤退検討】海外主力で営業利益の約2割占めるロシア事業は事業譲渡含めて幅広く検討を明言、表記織り込まず。加熱式は日本でプルームX発売でシェア拡大傾向に。

年月【資本異動】 万株
85. 4 設立 200
06. 4 分1→5 1,000
12. 7 分1→200 200,000

東証P	高値	安値
94~20	2150000(06)	1796.5(20)
21	2417(12)	1898(3)
22.1~5	2380(1)	2000(3)

	高値	安値	出来万株
22. 3	2181	2000	16,966
4	2225	2072	11,286
#5	2366	2199.5	12,081

【外国人持株】▲0.1pt(▲3.6pt)
前年 12.1%(2年前 15.6%)
【会社業績修正】上方0 下方0
経常益÷期初会社予想 ‥倍
【業種】食品
時価総額順位 1/171社
【比較会社】2802 味の素, 2269 明治HLD

【株式】5/30 2,000,000千株
単位 100株 貸借 優待
時価総額 47,200億円 225
【財務】〈◇22.3〉 百万円
総資産 5,747,354
自己資本 2,905,828
自己資本比率 50.6%
資本金 100,000
利益剰余金 2,874,902
有利子負債 962,469
【指標等】〈◇21.12〉
ROE 12.7% 予12.3%
ROA 5.9% 予 6.2%
調整1株益 190.7円
最高純益(15.12) 485,691
設備投資 1,008億 予1,310億
減価償却 1,870億 予 ‥億
研究開発 650億 予 ‥億
【キャッシュフロー】 億円
営業CF 5,989(5,198)
投資CF ▲974(53)
財務CF ▲3,531(▲2,974)
現金同等物 7,217(5,388)

【株主】単652,677名〈21.12〉万株
財務大臣 66,692(33.3)
自社(自己株口) 22,547(11.2)
日本マスター信託口 16,102(8.0)
SMBC日興証券 4,291(2.1)
日本カストディ信託口 4,166(2.0)
ステートストリートBウエストトリーティ505234 2,144(1.0)
バークレイズ証券 1,844(0.9)
日本証券金融 1,764(0.8)
日本カストディ信託口5 1,742(0.8)
JPモルガン・チェース・バンク385771 1,239(0.6)
〈外国〉12.0% 〈浮動株〉14.7%
〈投信〉 4.9% 〈特定株〉61.2%
【役員】(会)岩井睦雄 (副会)岡本薫明 (社)寺畠正道 (副社)見浪直博 廣渡清栄 ⇨欄外
【連結】鳥居薬品, TSネットワーク, テーブルマーク

【業績】(百万円)	売上高	営業利益	税前利益	純利益	1株益(円)	1株配(円)
◇19.12	2,175,626	502,355	465,232	348,190	196.0	154
◇20.12	2,092,561	469,054	420,063	310,253	174.9	154
◇21.12	2,324,838	499,021	472,390	338,490	190.8	140
◇22.12予	2,315,000	534,000	500,000	356,000	200.6	150
◇23.12予	2,325,000	550,000	520,000	365,000	205.7	150
◇21.1~6	1,144,539	322,084	314,095	225,190	126.9	65
◇22.1~6予	1,150,000	345,000	337,000	240,000	135.2	75
◇21.1~3	547,366	160,129	156,342	113,786	64.1	
◇22.1~3	581,505	178,368	174,699	124,110	69.9	
会22.12予	2,315,000	534,000	‥	356,000	(22.2.14発表)	

【配当】	配当金(円)
19.12	77
20. 6	77
20.12	77
21. 6	65
21.12	75
22. 6予	75
22.12予	75
予想配当利回り	6.36%
1株純資産(円)〈◇22. 3〉	
1,637	(1,583)

【本社】105-6927東京都港区虎ノ門4-1-1 神谷町トラストタワー ☎03-6636-2914
【支社】47
【工場】たばこ工場等4
【研究所】3
【従業員】〈22.3〉連54,501名 単6,780名(43.4歳)年897万円
【証券】上東京P 幹ー 名三菱U信 監トーマツ
【銀行】ー
【仕入先】ー
【販売先】ー

(出所)『会社四季報』2022年3集夏号

また材料記事には「海外主力で営業利益の約2割を占めるロシア事業は事業譲渡含めて幅広く検討を明言、表記織り込まず。加熱式は日本でプルームX発売でシェア拡大傾向に」とある。見出しは【撤退検討】だ。

この四季報が発売された2022年6月は、新型コロナウイルスの世界的な感染拡大の問題もあったが、同時に2022年2月には、ロシアのウクライナ侵攻という国際的な大事件もあった。

そのロシアにおける事業から撤退を検討しているということだが、**ウクライナ侵攻が勃発してから、まだ半年も経過していない時期に撤退を検討しているという経営判断の素早さが、大きなポイント**だ。

実際、業績面には特に大きな影響は生じていない。2021年12月決算の売上高が2兆3248億3800万円で、2022年12月決算予想では若干の減収となっているが、2023年12月決算予想は再び盛り返すという予想を立てている。また営業利益は、ロシアビジネスの問題を抱えていたものの、一貫して増益基調となっている。

「JTは有利子負債が大きいのに、なぜ投資対象に含まれるのか」と思う読者もいるだろう。

私の投資判断基準では、自己資本比率は70%超、有利子負債はできるだけ少ないことを財務面の条件にしているが、ＪＴの有利子負債は９６２４億６９００万円もある。ただ、現金同等物が７２１７億円もあるので、財務面の懸念は小さいと考えても差し支えない。

そもそもＪＴの時価総額は４兆７２００億円もあるのだから、有利子負債から現金同等物を差し引いた２４０７億円程度の実質的な負債の負担は、それほどではないと考えられる。自己資本比率は50・6％であり、これは私の基準値である70％には届いていないが、前述した有利子負債と現金同等物のバランス、時価総額との対比で考えれば、50％で良しとする。

２０２２年3集夏号が発売された時、恐らくＪＴはまずいと思った投資家が大半だったのではないだろうか。何しろ営業利益の2割を稼いでいるロシア事業からの撤退を検討しているというのだから、この先、減収減益になってもおかしくない。

でも、実際には会社四季報の2期予想にもあるように、２０２２年12月決算予想こそ売上高は減収になっているが、営業利益は増益であり、２０２３年12月決算予想も同様に増収増益予想だった。

そして実際のところは、この2期予想を大きく上回る数字が出てきた。予想と実績を比べると、

〈売上高〉
・2022年12月予想……2兆3150億円
・2022年12月実績……2兆6578億3200万円
〈営業利益〉
・2022年12月予想……5340億円
・2022年12月実績……6535億7500万円

という具合だ。ちなみにその翌年度に該当する2023年12月決算の数字も、売上高、営業利益ともに、実績の数字は予想のそれを上回っている。

そして、株価もこの好業績を反映して、綺麗な右肩上がりのチャートを描いた。

正直、2022年3集夏号が発売されて、高配当利回り銘柄としてJTに注目したわけだが、何とも解せなかったのが株価の値動きだったのだ。

業績の見通しは堅調だし、財務面の問題も小さい。連続増益という見出しまでついているのに、なぜか株価はさえない展開が続いていたからだ。チャートを見ると、2016年2月に4850円の高値をつけた後、2020年7月に1796・5円の安値をつけるところまで、長期にわたる株価下落が続いていた。そして、2022年に至るまで、株価は上昇の兆しをほぼ見せることなく、横ばいで推移している。なぜここまで株価が低迷しているのか、全くわからなかった。

ただ、チャートで2022年のところを確認すると、4月、5月と連続して陽線が立っているのを確認できる。しかも移動平均線の上に顔を覗かせているのだ。これを見た時、まだまだボトムを確認している段階かもしれないけれども、ほんの少しではあるが、上昇に向けて動き出す気配を感じた。

結局、株価の低迷は2022年10月まで続いたが、2022年11月に大きく跳ね上がり、そこから多少の調整局面を交えながらも、綺麗な右肩上がりの上昇トレンドを描いていった。直近の高値は、2024年6月11日につけた4622円だから、これも株価が横ばいで推移していた当時の水準から見れば、倍になっている。

チャートで選んだ銘柄もある〜ワールド（3612）

正直、めったにやらないのだが、ワールド（3612）についてはチャートで選んだ。どこが注目点かというと、2020年からのチャートの形だ。その前年の2019年12月に月足が陰線を描いた後、2020年4月まで連続して陰線が続いた。特に4月の陰線は、下に長いひげを出していて、その後に陽線を2本出している。この時、そろそろ株価が底を打ち、動きが出てくるのではないかと思ったのだ。

もともと会社四季報を使った銘柄選びで重視しているのは、前述したように業績予想記事や材料記事の中身や見出し、業績、財務など、まずは個別銘柄の箱に記載されている各種情報を読み込んだうえで、最後の最後にチャートや株価指標をチェックするという流れだが、会社四季報の良さは、こうした個別企業の各種情報に加えて、月足とはいえ株価の値動きをチャートでチェックできる点だ。

会社四季報だけでなく、世の中にはさまざまな株式関連の情報メディアが存在して

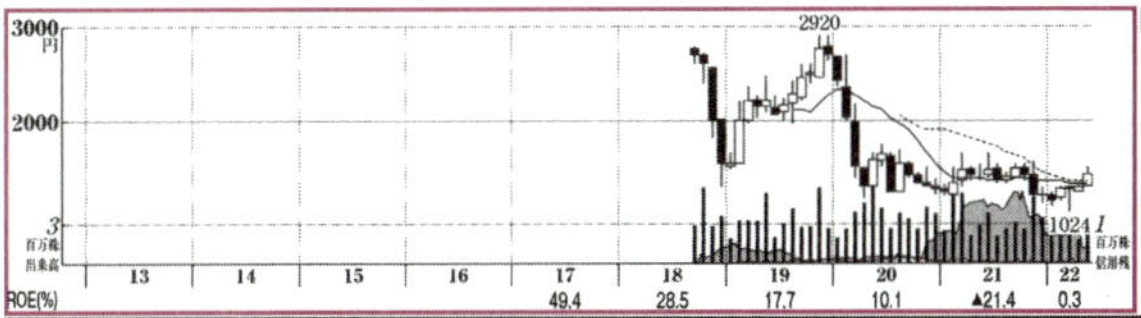

株価指標	
予想PER	(倍)
〈23.3〉	8.9
〈24.3〉	7.9
実績PER	
高値平均	12.1
安値平均	5.7
PBR	0.62
株価(5/30)	1442円
最低購入額	14万4200円

【繊維製品】 ⬆前号比増額

3612 (株)ワールド
【決算】3月 【設立】1985.4 【上場】2018.9

【特色】総合アパレル大手。SCから百貨店まで展開。構造改革進め18年再上場。M&A積極化
【連結事業】ブランド82(2)、デジタル6(▲5)、プラットフォーム11(2)、共通0(36)〈22・3〉

【復調】前期買収のナルミヤが通期寄与。国内直営店純減60(前期純増206)。既存店はSC向けブランドが回復牽引。値引き抑制で粗利率改善、閉店効果も効く。デジタル事業が黒字転換。営業益復調。増配。
【育成】EC・店舗の在庫一元管理システムをユナイテッドアローズに提供開始。自社開発のシステム外販を新収益源に育成。百貨店ブランドの国内生産移管を継続。

【本社】650-8585神戸市中央区港島中町6-8-1 ☎078-302-3111
【オフィス】青山(東京都港区北青山3-5-10)
【従業員】〈22.3〉連8,388名 単280名(43.9歳)[年]‥万円
【証券】[上]東京P [幹](主)野村(副)日興, 三菱Uモル, みずほ, SBI [名]三菱U信 [監]PwCあらた
【銀行】三井住友, 三菱U, みずほ
【仕入先】MNインターファッション
【販売先】イオンモール

年月	【資本異動】	万株
14. 9	合併	24,000
18. 6	減資	24,000
18. 7	併5→1	4,800
18.11	消却	3,439
21. 4	会社分割	3,439

東証P	高値	安値
18~20	2920(19)	1171(20)
21	1663(6)	1108(12)
22.1~5	1485(5)	1024(3)

	高値	安値	出来万株
22. 3	1284	1024	283
4	1338	1210	181
#5	1485	1278	309

【外国人持株】▲1.9pt(▲2.7pt) 前年 11.6%(2年前 12.4%)
【会社業績修正】上方2 下方4
経常益÷期初会社予想 0.5倍
【業種】アパレル・アクセサリー 時価総額順位 8/65社
【比較会社】2685 アダストリ, 3608 TSIHD, 8016 オンワードH

【株式】5/30 34,390千株
単位 100株 [貸借] [優待]
時価総額 495億円
【財務】〈◇22.3〉 百万円
総資産 248,455
自己資本 78,602
自己資本比率 31.6%
資本金 511
利益剰余金 37,077
有利子負債 83,430
【指標等】〈◇22.3〉
ROE 0.3% 予7.0%
ROA 0.1% 予2.2%
調整1株益 ―円
最高純益(19.3) 9,200
設備投資 43億 予‥億
減価償却 157億 予‥億
研究開発 ‥億 予‥億
【キャッシュフロー】 億円
営業CF 173(41)
投資CF ▲20(▲26)
財務CF ▲147(▲11)
現金同等物 214(206)

【株主】単20,399名〈22.3〉 万株
日本マスター信託口 445(12.9)
寺井秀藏 234(6.8)
日本カストディ信託口 194(5.6)
志野文哉 100(2.9)
合同会社エイ・ティ興産 100(2.9)
合同会社ケイ・エム興産 100(2.9)
合同会社ワイ・アール興産 100(2.9)
小泉敬三 98(2.8)
S&Hカンパニー合同会社 87(2.5)
畑崎重雄 87(2.5)
〈外国〉9.7% 〈浮動株〉18.0%
〈投信〉6.3% 〈特定株〉51.2%
【役員】(会)上山健二 (社)鈴木信輝 (取)畑崎充義 一條和生* 鈴木政士* 佐藤秀哉* (監)高月禎一 鈴木修司* 関美和*
【連結】フィールズインターナショナル

【業績】(百万円)	売上高	営業利益	税前利益	純利益	1株益(円)	1株配(円)
◇18. 3*	245,829	13,225	11,144	6,743	373.8	0
◇19. 3	249,861	14,827	13,596	9,200	354.7	50
◇20. 3	236,265	12,314	11,401	8,038	241.3	53
◇21. 3	180,322	▲21,637	▲22,556	▲17,149	▲511.1	0
◇22. 3	171,344	2,196	1,410	239	▲7.8	27
◇23. 3予	212,000	10,900	9,600	5,500	162.6	48
◇24. 3予	225,000	12,000	10,700	6,200	183.3	48~55
◇21.4~9	77,330	▲2,148	▲2,555	▲1,210	▲43.3	0
◇22.4~9予	98,800	2,900	2,300	1,450	42.9	13
会23. 3予	212,000	10,900	9,600	5,500	(22.5.9発表)	

【配当】	配当金(円)
19. 3	50
19. 9	28
20. 3	25
21. 3	0
22. 3	27
22. 9予	13
23. 3予	35
予想配当利回り	3.33%
1株純資産(円)〈◇22. 3〉	2,323 (2,329)

(出所)『会社四季報』2022年3集夏号

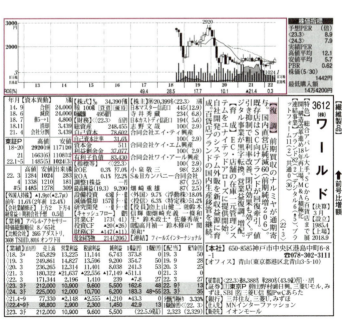

いる。たとえばインターネットで配信されている情報としては、「株探」や「みんかぶ」、「ヤフーファイナンス」などもあり、これでもある程度の情報を取ることはできるが、すべての銘柄のあらゆる情報を一元的にチェックできるという点では、やはり会社四季報が一番優れていると思う。

ワールドに話を戻すと、まさに何でも情報が掲載されている会社四季報だからこそ見つけられた銘柄といっても良いだろう。チャートを見て、「あ、この銘柄はそろそろ株価の底練りが終わって上昇に転じてもおかしくないな」という気付きを得て、改めて業績予想記事や材料記事に目を向けると、意外と悪くないことが書かれている。

たとえば業績予想記事については、【復調】という見出しがついている。「既存店はSC向けブランドが回復牽引。値引き抑制で粗利率改善、閉店効果も効く。デジタル事業が黒字転換。営業益復調。増配」だから、ここだけを見ると、決して悪い銘柄ではないことがわかる。

唯一の懸念材料は、自己資本比率が私の考えている銘柄選択基準に合致していないことだろう。自己資本比率は31・6％しかない。有利子負債が834億3000万円あるのに対し、現金同等物は214億円しかないから、いささか心許ないところがある。

というわけで、本来なら投資しないのだが、チャートの形がどうも気になる。それがワールドに投資した最大の理由だが、結果は悪くない。2022年6月の株価は1514円という高値もあったが、そこから約1年間、2023年5月前後まで株価が揉んだ後、上昇トレンドに入っていった。

ちなみに2024年4月1日には高値2220円をつけている。投資したところから2倍、3倍になったわけではないが、比較的しっかりした足取りで上昇トレンドを描いてくれた。

高水準の受注残を抱えるという記事に注目～DMG森精機（6141）

この会社もワールドと同様に、自己資本比率からしたら私の投資基準を満たしていない。2022年3集夏号に記載されている自己資本比率は34・7%だ。有利子負債は999億1100万円で、現金同等物は472億円だから、飛びぬけて財務体質が良いというわけでもない。

そうであるにもかかわらず、なぜこの銘柄を選んだのかというと、材料記事にある見出しが気になったからだ。そこには【創業地】と書かれていた。

まず、業績予想記事の見出しは【上振れ】だから、悪い内容ではないことがわかる。

「工作機械は高水準の受注残を抱える。欧米軸に半導体、EV、宇宙関連で想定超の伸長。工程集約機比率の向上や案件大型化で受注単価向上」とある。要は業績が良いということだ。

そのうえで、材料記事見出しに【創業地】とある。一体、どういうことなのだろうか。

記事の内容を見ていくと「奈良駅前に開発拠点を開設。立地生かし産学連携や人材獲得推進。本社機能も名古屋から移転、東京と2本社体制へ」とある。

この記事を読んだ時にふと思ったのは、「創業地である奈良県に開発拠点を開設するということは、自分のルーツに立ち返ろうとしているんだな」ということだ。

そういう気付きから業績を見ると、これが非常に良い。もちろん、創業地に立ち返

【機械】 ⬆前号比増額

6141 DMG森精機《もりせいき》

【決算】12月
【設立】1948.10
【上場】1979.11

【特色】NC旋盤・マシニングセンタ(MC)で最大手格。TOBで独DMGを連結化し、経営一体化
【連結事業】マシンツール(4)、インダストリアル・サービス33(11)【海外】8467 〈21・12〉

【上振れ】工作機械は高水準の受注残を抱える。欧米軸に半導体、EV、宇宙関連で想定超の伸長。工程集約機比率の向上や案件大型化で受注単価向上。内製化などコスト改革奏功し部材、物流費高騰の影響限定。前号より営業増益幅拡大。増配幅拡大。

【創業地】奈良駅前に開発拠点を開設。立地生かし産学連携や人材獲得推進。本社機能も名古屋から移転、東京と2本社体制へ。

ROE(%) 5.3 7.4 9.6／‥ ▲6.1 14.7 16.9 15.3 1.1 6.8

【株価指標】
予想PER (倍)
〈22.12〉 8.9
〈23.12〉 8.3
実績PER
高値平均 184.1
安値平均 85.2
PBR 1.12
株価(5/30) 1979円
最低購入額 19万7900円

年月【資本異動】		万株
09.12	三者280万株(OA)	11,847
14. 3	公1446万株(1442円)	13,294
17. 6	消却	12,595

東証P	高値	安値
79~20	**4810**(89)	**474**(03)
21	2299(9)	1521(1)
22.1~5	2086(1)	1366(3)

	高値	安値	出来万株
22. 3	1713	**1366**	2,398
4	1690	1496	1,854
#5	**2004**	1582	2,392

【外国人持株】+4.9pt(▲0.7pt)
前年 28.4%(2年前 34.0%)
【会社業績修正】上方0 下方0
経常益÷期初会社予想 ‥倍

【業種】産業機械
時価総額順位 15／135社
【比較会社】6103 オークマ, 6135 牧野フライ, 6473 Jテクト

【株式】5/30 125,953千株
単位 100株 貸借
時価総額 2,492億円

【財務】〈◇22.3〉 百万円
総資産 636,180
自己資本 220,688
自己資本比率 34.7%
資本金 51,115
利益剰余金 55,214
有利子負債 99,911

【指標等】〈◇21.12〉
ROE 6.8% 予12.7%
ROA 2.3% 予 4.4%
調整1株益 ―円
最高純益(15.12) 26,900
設備投資 232億 予230億
減価償却 218億 予230億
研究開発 189億 予200億

【キャッシュフロー】 億円
営業CF 497(136)
投資CF ▲193(▲188)
財務CF ▲182(107)
現金同等物 472(337)

【株主】㊥27,989名〈21.12〉 万株
日本マスター信託口 1,666(13.2)
日本カストディ信託口 1,143(9.0)
バンク・オブ・ニューヨーク・メロン140051 683(5.4)
自社従業員持株会 400(3.1)
森 雅 彦 359(2.8)
日本カストディ銀行(森記念製造技術研究財団口) 350(2.7)
野村信託銀行投信口 230(1.8)
自社取引先持株会 177(1.4)
森 優 169(1.3)
BBH・UMB・グローバル・アルファ・スモールC 166(1.3)
〈外国〉33.3% 〈浮動株〉11.3%
〈投信〉12.1% 〈特定株〉42.9%

【役員】(社)森雅彦 (副社)C. トーネス 玉井宏明 小林弘武 藤嶋誠 J. ヌド (取)青山藤詞郎・中嶋誠・ ⇨欄外
【連結】DMG MORI AG, マグネスケール, 太陽工機

【業績】(百万円)	売上高	営業利益	税前利益	純利益	1株益(円)	1株配(円)
◊19.12	485,778	37,339	31,451	17,995	138.6	60
◊20.12	328,283	10,674	5,106	1,745	3.4	20
◊21.12	396,011	23,067	19,609	13,460	91.8	40
◊22.12予	450,000	45,000	40,000	28,000	223.6	70
◊23.12予	480,000	49,000	44,000	30,000	239.6	70~80
◊21.1~6	178,246	10,208	8,544	6,097	40.6	10
◊22.1~6予	220,000	20,000	18,000	12,500	99.8	30
◊21.1~3	81,122	3,986	3,134	1,812	10.4	
◊22.1~3	107,262	9,451	8,917	6,271	46.7	
会22.12予	450,000	45,000	‥	28,000	(22.5.12発表)	

【配当】	配当金(円)
19.12	30
20. 6	10
20.12	10
21. 6	10
21.12	30
22. 6予	30
22.12予	40
予想配当利回り	3.54%
1株純資産(円)〈◊22. 3〉	1,761 (1,704)

【本社】135-0052東京都江東区潮見2-3-23
☎03-6758-5900
【本店】大和郡山市北郡山町106【第二本社】奈良【事業所】(工場・開発C)伊賀, 奈良, ドイツ, イタリア, アメリカ, 中国, ポーランド
【従業員】〈21.12〉連12,259名 単1,967名(42.1歳)[年]723万円
【証券】[上]東京P [幹]野村, みずほ, 日興 [名]三井住友信 [監]EY新日本
【銀行】三井住友, みずほ, 南都, 京都
【仕入先】SIEMENS, FANAC, 三菱電機
【販売先】―

（出所）『会社四季報』2022年3集夏号

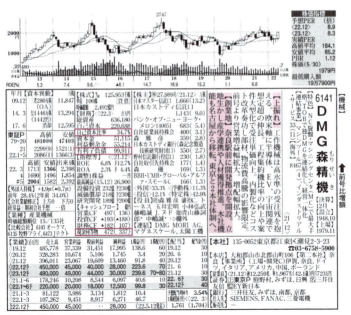

ることと好業績の間には何も因果関係はないが、**ちょっと変わった見出しを見つけたことがきっかけで、思いがけない投資対象を見つけられることもある**のだ。

前述したように、業績は好調だ。2020年12月期は新型コロナの感染拡大による影響からか、売上高が大きく落ち込んでいるが、2021年12月期からは明らかに回復基調であり、二期予想の数字を見ても大きく伸びているのがわかる。予想配当利回りは3・54％であり、利回り銘柄としての魅力もある。

ただ、唯一の難点は自己資本比率が34・7％しかないことと、株価的にはこの当時、大して見るべきところがなかったのも事実だ。2022年3集夏号に掲載されているチャートを見ると、2022年5月に長い陽線が立っていることが確認できたが、それ以外は別に見るべきところはない。

その意味では、本当に見出しが何かの気付きになって投資しただけの銘柄といっても良いだろう。

でも、これが功を奏したのも事実で、株価は順調に値上がりした。2022年中の株価は2000円前後を高値に、下は1500円台の間で推移していたが、2023年に入ってから上昇機運を強め、2024年5月には4810円の高値を付けている。

業績も、2022年3集夏号で四季報記者が想定した二期予想を上回る結果になった。

2022年12月決算予想は売上高4500億円、営業利益450億円だったのが、実際には売上高4747億7100万円、営業利益412億4300万円で着地。営業利益は記者予想に及ばなかったが、売上高は上回っている。

また、2023年12月期決算予想は売上高4800億円、営業利益490億円だったが、実際には売上高5394億5000万円、営業利益541億5000万円での着地だったので、こちらは大幅な上方乖離となった。

インフレ関連で投資〜レーサム（8890）

2022年6月といえば、何となくインフレの兆しが日本にも現れてきた時期でもある。黒田バズーカによってあれだけじゃぶじゃぶにお金をばら撒いたのにもかかわらず、国内消費者物価指数のうち生鮮食品及びエネルギーを除く総合の数字は、前年同月比でコンマ数パーセントの上昇しかしなかった。

しかも、新型コロナウイルスの感染拡大で世界的に経済活動が停止状態に追い込まれていた2021年4月から2022年3月までは、前年同月比がマイナスになっていて、デフレが再現されるような始末だった。

それがようやく世界的なインフレを反映し、国内でも物価水準が上昇の兆しを見せ始めたのが、２０２２年６月のことだ。消費者物価指数の前年同月比は１・０％となり、そこから２％、３％、４％というように、月を追うようにしたがって上昇率も上がっていった。

このように**インフレが常態化すると、株価はもちろんだが、不動産価格の上昇も期待できるようになる。**そういう観点で選んだのがレーサムだった。

業績予想記事の見出しには【連続増配】とあった。「主力の不動産販売は20億円超の大型物件で10件程度見込む」「連続営業増益。配当性向20％方針で増配」といったことが記事として書かれていたが、これらは基本的にポジティブな材料だ。

材料記事は【新中計】が見出し。「25年

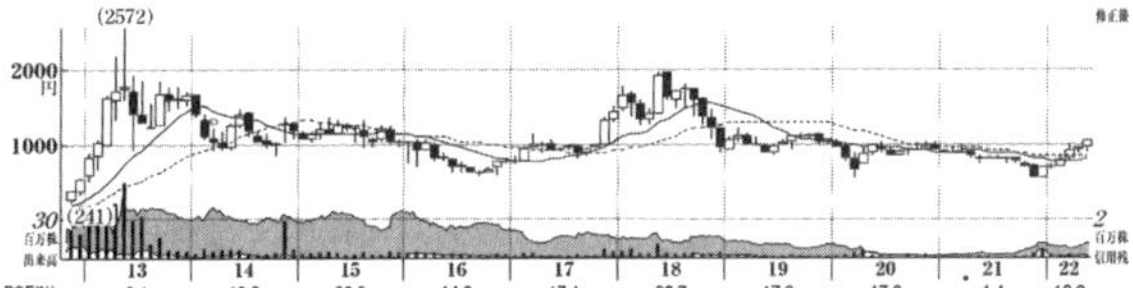

ROE(%)	13	14	15	16	17	18	19	20	21	22
	9.1	10.3	20.9	14.9	17.1	20.7	17.3	17.2	1.4	13.2

株価指標

予想PER	(倍)
〈23.3〉	5.3
〈24.3〉	4.8
実績PER	
高値平均	23.2
安値平均	15.9
PBR	0.74
株価(5/30)	1087円
最低購入額	10万8700円

【不動産】 ➡前号並み

8890 (株)レーサム

【決算】3月 【設立】1992.5 【上場】2001.4

【特色】富裕層向けにオフィスやマンションなどの収益不動産を組成・販売。施設や店舗の運営・管理も

【連結事業】資産価値創造91(21)、資産価値向上7(22)、未来価値創造2(▲128)〈22・3〉

【連続増配】主力の不動産販売は20億円超の大型物件で10件程度見込む(前期13件)。前下期に発売した小口化商品も着実に伸びる。宿泊施設などの新規事業は赤字縮小。連続営業増益。配当性向20％方針で増配。

【新中計】25年3月期に営業利益170億円目標。国内富裕層や海外顧客の拡大、仕入れ強化がカギ。6月29日期限に上限80万株、78億円を上限に自己株買いを実施。

年月	【資本異動】	万株
02. 4	分1→10	45
12. 8	減資	46
14. 4	分1→100	4,608
22. 3	消却	3,708

東証S	高値	安値
01~20	4200000(01)	573(20)
21	998(3)	545(11)
22.1~5	1108(5)	686(1)

	高値	安値	出来万株
22. 3	998	783	269
4	977	882	132
#5	1108	907	214

【外国人持株】+0.3pt(+0.1pt)
前年 8.4%(2年前 8.6%)
【会社業績修正】上方1 下方0
経常益÷期初会社予想 1.2倍
【業種】不動産(非住宅)
時価総額順位 23／57社
【比較会社】2982 ADワクス, 8923 トーセイ, 8934 サンフロ不

【株式】6/30 37,081千株
単位 100株 貸借
時価総額 403億円
【財務】〈連22.3〉 百万円
総資産 109,847
自己資本 53,421
自己資本比率 48.6%
資本金 100
利益剰余金 46,942
有利子負債 43,271
【指標等】〈連22.3〉
ROE 13.2% 予14.0%
ROA 6.0% 予 6.8%
調整1株益 —円
最高純益(06.8) 10,381
設備投資 ‥予‥
減価償却 1,647 予‥
研究開発 ‥予‥
【キャッシュフロー】 億円
営業CF 154(▲191)
投資CF ▲32(▲31)
財務CF ▲39(128)
現金同等物 282(199)

【株主】単7,025名〈22.3〉 万株
Power One(株) 2,636(71.0)
MSIPクライアントセキュリティーズ 146(3.9)
自社(自己株口) 47(1.2)
リファンド107クライアント・アカウント 25(0.6)
日本カストディ信託口 21(0.5)
上田八木短資 18(0.4)
JP・JPMSE(ルクス)ノムラInt・1EC 15(0.4)
ステート・ストリート・バンク&トラスト505103 15(0.4)
モルガンSMUFG証券 14(0.3)
BNY・GCMクライアントJPRDISGFEAC 14(0.3)
〈外国〉8.7% 〈浮動株〉8.9%
〈投信〉0.7% 〈特定株〉80.8%
【役員】(社)小町剛 (副社)飯塚達也 (専)磯貝清 (常)染谷太郎 (取監)岡田英明 深井崇史* 中瀬進一* 三木昌樹*(6.23予)
【連結】WeBase, LIBERTE JAPON

【業績】(百万円)	売上高	営業利益	経常利益	純利益	1株益(円)	1株配(円)
連18. 3	44,274	11,309	10,953	9,234	200.6	40
連19. 3	58,547	10,990	10,904	7,894	188.1	45
連20. 3	54,938	12,242	11,962	7,939	207.9	45
連21. 3	32,219	1,643	1,351	663	18.1	4
連22. 3	68,402	11,363	10,445	6,630	181.0	37
連23. 3予	80,000	12,500	11,600	7,500	204.9	42
連24. 3予	90,000	13,500	12,600	8,300	226.8	42~46
連21.4~9	19,937	2,769	2,542	1,599	43.6	0
連22.4~9予	30,000	3,700	3,300	2,100	57.4	0
会23. 3予	80,000	12,500	11,600	7,500	(22.5.13発表)	

【配当】	配当金(円)
17. 3	29
18. 3	40
19. 3	45
20. 3	45
21. 3	4
22. 3	37
23. 3予	42
予想配当利回り	3.86%
1株純資産(円)〈連22. 3〉	1,460 (1,278)

【本社】100-0013東京都千代田区霞が関3-2-1 霞が関コモンゲート西館 ☎03-5157-8881
【従業員】〈22.3〉連222名 単107名(45.4歳)年954万円
【証券】上東京S 幹(主)大和(副)野村, 三菱Uモル 名三菱U信 監三優
【銀行】三菱U, みずほ, 三井住友, 三井住友信, きらぼし, 北陸, 静岡, 広島
【仕入先】—
【販売先】—

（出所）『会社四季報』2022年3集夏号

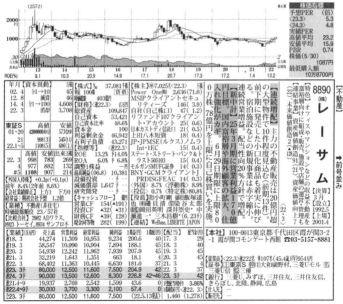

3月期に営業利益170億円目標。国内富裕層や海外顧客の拡大、仕入れ強化がカギ」ということだが、キモはしっかり数字を挙げていることだ。2022年3月期決算の営業利益が113億6300万円なので、今後3年間で約50％の増益を目指すことになる。

ちなみに2024年6月に発売された会社四季報2024年3集夏号によると、2024年3月期決算ですでに営業利益は、新中計目標を大きく上回る228億2400万円となっている。

インフレになると不動産取引が活発に行われるようになるのは、いつの時代も変わらない。この時は、インフレが進めば、レーサムが扱っているような富裕層向けのマンションやオフィスの取引が活発になるだろうし、間違いなくビジネスが栄えるだろうという発想から投資した。

投資の成果は十分に満足できるものだ。2022年6月時点の株価は1100円前後だったのが、2023年5月に急騰して2600円台をつけ、2024年3月には3930円の高値をつけている。

行って来いになった銘柄もある～トレンダーズ（6069）

ここまで投資の成功事例を中心に取り上げてきたが、結果としてあまりうまく行っていないものもある。

たとえばトレンダーズなどは、代表例の1つといっても良いだろう。2022年3集夏号の業績予想記事の見出しが【大幅続伸】だったのと、記事に「インフルエンサーマーケティング」とあったので、そこに注目したのだが、まだこの手の銘柄に買いが集まる時期ではなかったと考えられる。

トレンダーズの時価総額は112億円とかなり小さい。注目した2022年6月時点の株価は1500円前後で、同年8月には2109円の高値まで上昇したものの、そこからは調整局面に入ってしまい、2024年5月には864円の安値を付けてしまった。私は自分の買値を下回った時

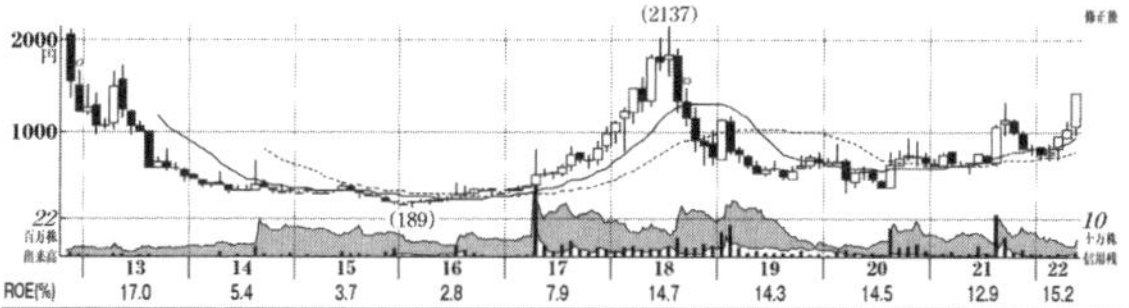

株価指標
予想PER (倍)
〈23.3〉 18.6
〈24.3〉 17.7
実績PER
高値平均 22.1
安値平均 9.2
PBR 3.81
株価(5/30) 1482円
最低購入額 14万8200円

【サービス】 ⬆前号比増額

6069 トレンダーズ

【決算】3月 【設立】2000.4 【上場】2012.10

【特色】ネット活用型販促支援が柱。SNSインフルエンサーネットワークに強み。消費者向け事業育成
【連結事業】マーケティング99(10)、インベストメント1(80) 〈22・3〉

【大幅続伸】インフルエンサーマーケティング、美容メディアのMimiTVが引き続き好調。化粧品ブランド向け販促活動などの先行投資負担が一服。投資事業は前期並み見込む。営業益連続大幅増。連続増配。
【電子漫画】クリエータープラットフォームで公開された一部の作品を電子書籍化し販売、日本が出遅れている縦読み向けにも制作開始。オーディオブックの販売も予定。

年月	【資本異動】	万株
12.10	公27万株(2550円)	165
13. 1	分1→2	331
18.10	分1→2	744
22. 2	交換	760

東証G	高値	安値
12~20	**9400**(12)	**324**(20)
21	1311(9)	534(5)
22.1~5	1495(5)	687(1)

	高値	安値	出来万株
22. 3	968	**698**	224
4	1096	920	170
#5	**1495**	974	369

【外国人持株】+6.1pt(+7.0pt)
前年 13.2%(2年前 12.3%)
【会社業績修正】上方2 下方0
経常益÷期初会社予想 1.4倍
【業種】メディア
時価総額順位 60/132社
【比較会社】7069 サイバーバズ, 6058 ベクトル, 6573 アジャイル

【株式】5/30 7,608千株
単位 100株 貸借
時価総額 112億円

【財務】〈連22.3〉	百万円
総資産	4,711
自己資本	2,789
自己資本比率	59.2%
資本金	564
利益剰余金	1,977
有利子負債	700

【指標等】		〈連22.3〉
ROE	15.2%	予20.4%
ROA	8.5%	予12.1%
調整1株益		53.6円
最高純益(22.3)		399
設備投資	51	予・・
減価償却	24	予・・
研究開発	・・	予・・

【キャッシュフロー】		百万円
営業CF	342	(542)
投資CF	▲44	(▲17)
財務CF	▲99	(▲88)
現金同等物	1,607	(1,408)

【株主】株2,359名〈22.3〉	万株
岡本伊久男	166(21.8)
ノムラノミニーズ・オムニバスマージンキャッシュPB	56(7.3)
自社(自己株口)	43(5.7)
クレディ・スイス証券	28(3.7)
日本カストディ信託口	25(3.3)
日本マスター信託口	23(3.0)
SSBTC・クライアント・オムニバス・アカウント	15(1.9)
BBHフィデリティイントリンシックオポチュニティズ	14(1.9)
JPモルガン証券	14(1.9)
BNY・GCMクライアントJPRDISGFEAC	14(1.8)

〈外国〉19.3% 〈浮動株〉14.5%
〈投信〉6.3% 〈特定株〉55.1%
【役員】(会)岡本伊久男 (社)黒川涼子 (取)田中隼人 本田哲也* 石川森生* 横山隆治* (常監)郭翔愛 (監)都賢治* 橋岡宏成* (6.28予)
【連結】クレマンスラボラトリー

【業績】(百万円)	売上高	営業利益	経常利益	純利益	1株益(円)	1株配(円)
単18. 3*	2,165	346	370	281	38.3	12
連19. 3	2,878	483	491	317	43.5	13
連20. 3	3,079	227	224	331	45.8	14
連21. 3	3,333	457	461	311	43.9	15
連22. 3	6,557	593	591	399	56.0	16
連23. 3予	7,400	850	850	570	79.5	22
連24. 3予	8,000	900	900	600	83.6	22~25
連21.4~9	3,070	302	298	199	28.0	0
連22.4~9予	3,500	340	340	220	30.7	0
会23. 3予	7,400	850	850	570	(22.5.13発表)	

【配当】	配当金(円)
17. 3	14
18. 3	24
19. 3	13
20. 3	14
21. 3	15
22. 3	16
23. 3予	22
予想配当利回り	1.48%
1株純資産(円)〈連22. 3〉	388.9 (349.5)

【本社】150-0011東京都渋谷区東3-16-3
エフ・ニッセイ恵比寿ビル ☎03-5774-8871
【従業員】〈22.3〉連138名 単138名(31.8歳)[年]・・万円
【証券】[上]東京G [幹](主)大和(副)みずほ, マネックス, SBI, いちよし [名]三井住友信 [監]PwCあらた
【銀行】三井住友, りそな
【仕入先】インフルエンサー会員, MetaPlatforms
【販売先】電通, 博報堂

(出所)『会社四季報』2022年3集夏号

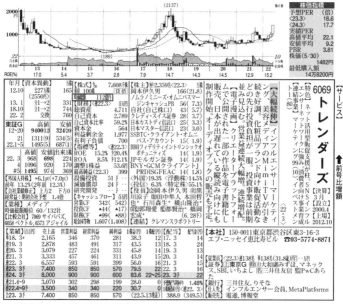

点で損切りしたが、結果的に高値で利確していないので失敗したことになる。エミンさんは損切りしないで持ち続けるはずではなかったのか？　との疑問もあるかもしれないが、この銘柄に関しては自分が当初に立てたシナリオが変わったので撤退したのである。株はシナリオを立てて買い、シナリオが変われば含み益が出ようが、含み損が出ようがすばやく撤退する。

また、ここ2年くらいの国内株式市場を見ていると、時価総額で100億円から数百億円規模の企業の株式は、なかなか買われない状況が続いている。そのうち、時価総額が小さい企業の株式にも注目が集まる時期は来ると思うが、残念ながら今はそのタイミングではない、ということだ。

大事なのは、仮に外したとしても、大きな損失を被らないような銘柄選びをすることだろう。正直、トレンダーズ株では損失が生じているが、大やけどは負っていない。それは割高な銘柄は最初から投資対象に考えていないからだ。

ちなみにチャートで考えると、同社の株価は周期的に高値形成とボトム形成を繰り返している。月足で見ると、2012年10月に2350円の高値を付けた後、2016年2月に189円の安値。2018年7月に2137円の高値を付けた後、2020年3月に324円の安値。そして2022年の8月に2109円の高値を付けて現在、調整中だ。

2024年3集夏号の会社四季報を見ると、同社の自己資本比率は60・9%で、有利子負債は15億100万円。現金同等物は32億900万円なので、財務面は決して悪くはない。どこかで再び高値トライのチャンスが来るのではないかと考えている。

PSRの割安さに注目～北川鉄工所(6317)

私が銘柄を選ぶ際の基準の1つがPSR(株価売上高倍率)であることはすでに説明したとおりだ。PSRは時価総額を年間の売上高で割って求められる。

この会社もトレンダーズと同様、時価総額はかなり小さい。2022年3集夏号を見ると、時価総額は137億円しかない。

この会社を選んだ一番の理由は、キャッシュリッチであることだ。自己資本比率は49・5%なので、私の投資基準である70%には及ばないが、約50%あればとりあえず合格といったところだろう。有利子負債は132億3200万円あるが、利益剰余金が210億3200万円もあり、現金同等物は86億円となっている。

そして何よりもPSRで見た時に、株価は相当割安になる。何しろ時価総額が137億円であるのに対し、売上高は2022年3月決算で586億7600万円もあるのだ。しかも2023年3月期予想、2024年3月期予想と増収増益が続く見通しになっていた。2024年3月期予想だと売上高は670億円まで増える見通しだったので、なおさらPSRの観点からすると、株価は割安であると判断できる。

　しかし、それでも株価はあまり芳しい推移にはならず、現在に至っている。

　株価は、2018年1月に3365円の高値を形成した後、2021年の1月にかけて長期の下落トレンドが続いた。瞬間、同年6月に1849円まで戻したが、さらなる上昇は叶わず、私がこの銘柄に注目した時の株価は、1300円台後半から1500円台半ばを推移していた。

　2022年6月に会社四季報でこの銘柄を見つけ、投資した後、株価はなかなか上昇に転じることなく、下げ続けた。20

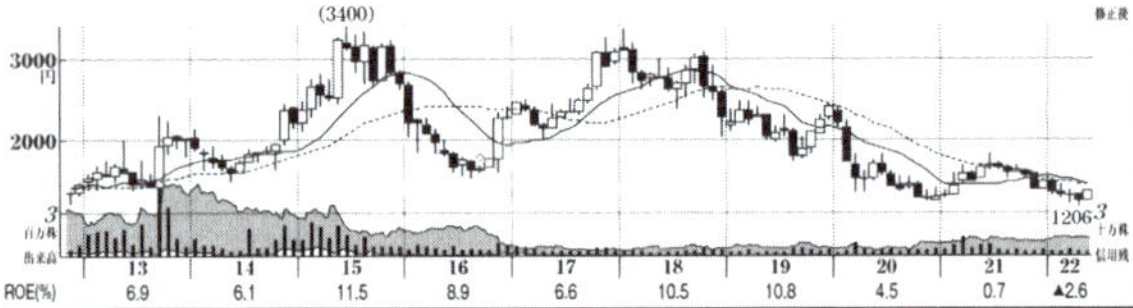

株価指標
予想PER（倍）
〈23.3〉 7.8
〈24.3〉 6.3
実績PER
高値平均 41.9
安値平均 28.2
PBR 0.37
株価(5/30) 1425円
最低購入額 14万2500円

【機械】

6317 (株)北《きた》川《がわ》鉄《てっ》工《こう》所《しょ》

↓前号比減額

【決算】3月 【設立】1941.11 【上場】1961.8

【特色】自動車などの部品鋳造、工作機械器具、建機など多角展開。タイ、中国、メキシコに製造拠点持つ

【連結事業】キタガワマテリアルテクノロジー46(▲1)、キタガワサンテック36(11)、キタガワグローバルハンド17(11)、他1(▲40)【海外】16〈22・3〉

【大幅回復続く】金属素形材が自動車生産正常化、後半にかけての価格転嫁進展で牽引役に。工作機械も中国向け中心に続伸。立体駐車場で材料費重しも連続大幅増益。海外子会社の減損一巡で純益黒字化。増配。

【受賞】高精度パワーチャックの開発で日本機械学会賞を受賞。開発中のドローンは試作品完成、今後性能確認や社内実証を進める。投資は本社工場の再構築に重点。

年月	【資本異動】	万株
70. 8	有1:0.5	7,200
90. 2	公500万株 (1216円)	7,700
92. 5	分1→1.1	8,470
16.10	併10→1	965

東証P	高値	安値
61~20	**3365**(18)	**13**(65)
21	1849(6)	1294(1)
22.1~5	1514(1)	1206(4)

	高値	安値	出来万株
22. 3	1383	1220	42
4	1337	**1206**	30
#5	**1466**	1246	37

【外国人持株】▲2.3pt(▲5.9pt)
前年 15.7%(2年前 19.3%)
【会社業績修正】上方4 下方3
経常益÷期初会社予想 0.8倍

【業種】産業機械
時価総額順位 69/135社
【比較会社】6203 豊和工業, 6306 日工

【株式】5/30 9,650千株
単位 100株 貸借
時価総額 137億円

【財務】〈連22.3〉 百万円
総資産 73,311
自己資本 36,325
自己資本比率 49.5%
資本金 8,640
利益剰余金 21,032
有利子負債 13,232

【指標等】〈連22.3〉
ROE ▲2.6% 予4.7%
ROA ▲1.3% 予2.3%
調整1株益 —円
最高純益(19.3) 3,854
設備投資 4,490 予‥
減価償却 3,849 予‥
研究開発 558 予‥

【キャッシュフロー】百万円
営業CF 3,499(3,105)
投資CF ▲4,702(▲3,301)
財務CF ▲675(1,096)
現金同等物 8,600(10,349)

【株主】単7,024名〈22.3〉 万株
日本マスター信託口 111(11.5)
自社みのり会 61(6.4)
広島銀行 44(4.6)
日本カストディ信託口 40(4.2)
自社(自己株口) 28(3.0)
みずほ信託銀行 23(2.3)
自社株投資会 22(2.3)
MSIPクライアントセキュリティーズ 20(2.1)
DFAInt'lスモールキャップバリュP 17(1.8)
朝日生命保険 17(1.7)
〈外国〉13.4% 〈浮動株〉29.5%
〈投信〉 7.7% 〈特定株〉42.0%

【役員】(会・社)北川祐治 (副会)北川宏 (取)門田廣夫 内田雅敏* 西川三佐子* (取監)野上武志* 貝原潤司* 平浩介*
(6.24予)

【連結】北川冷機, KMEX, KTC, 北川(瀋陽)工業機械製造

【業績】(百万円)	売上高	営業利益	経常利益	純利益	1株益(円)	1株配(円)
連18. 3	56,051	4,484	5,152	3,492	372.1	77記
連19. 3	60,339	5,463	5,932	3,854	411.5	90
連20. 3	58,288	2,907	3,319	1,645	175.7	100
連21. 3	48,753	551	1,167	244	26.1	20
連22. 3	58,676	2,101	3,062	▲951	▲101.6	50
連23. 3予	63,000	2,800	3,300	1,700	182.5	60
連24. 3予	67,000	3,500	4,000	2,100	225.5	60~70
連21.4~9	27,620	975	1,237	656	70.1	25
連22.4~9予	29,800	1,000	1,200	500	53.7	30
会23. 3予	63,000	2,800	3,300	1,700	(22.5.13発表)	

【配当】	配当金(円)
19. 9	50
20. 3	50
21. 3	20
21. 9	25
22. 3	25
22. 9予	30
23. 3予	30
予想配当利回り	4.21%
1株純資産(円)〈連22. 3〉	3,881 (3,972)

【本社】726-8610広島県府中市元町77-1 ☎0847-45-4560
【東京支店】331-9634さいたま市北区吉野町1-405-1 ☎048-666-5650【工場】本社, さいたま, 和歌山, 甲山, 本山, 下川辺, 中須, 福山
【従業員】〈22.3〉連2,727名 単1,431名(42.1歳)年541万円
【証券】上東京P 幹(主)大和(副)東洋, 野村 名みずほ信 監あずさ
【銀行】広島, みずほ, 三菱U, みずほ信
【仕入先】中国鉄構建設
【販売先】クボタ

（出所）『会社四季報』2022年3集夏号

23年3月には1046円まで下げたが、そこから若干反発し、2024年3月には1739円まで値上がりしている。

投資対象として考えた時、同社は決して悪くはない。PSRで見ても割安だし、業績予想記事の見出しも【大幅回復続く】となっている。ちなみに2024年3集夏号の業績予想記事の見出しも【堅調】となっている。

そうであるにもかかわらず株価が反応薄なのは、やはり時価総額が小さいからだろう。時価総額が小さい企業の株式が買われるタイミングではない、ということだ。

ただ、前述したように財務内容は優良だし、業績もしっかりしている。この手の企業は倒産リスクも低いので、ひたすら安心して持ち続けることができる。そうしているうちに、株価が上昇へと転じる可能性はあるはずだ。

ちなみに同社のPBRは、2024年3集夏号に掲載されているものを見ても、0・32倍しかない。2023年初頭からPBR改革が言われている最中においても、この企業のPBRは1倍を大きく割り込んだままだ。その見直し期待も含めて、しばらくは楽しみに待つ銘柄だと割り切っている。

低ＰＢＲに注目～トピー工業（７２３１）

トピー工業を選んだのは「低ＰＢＲ」だったからだ。２０２２年3集夏号に記載されていた同社のＰＢＲは０・26倍である。あまりにも低すぎる。

業績予想記事の見出しには【黒字復帰】とある。「客先の半導体不足続くも自動車用ホイールの数量上昇、構造改革での生産効率化も効く。鉱山建機向けは好調続く。スクラップや石炭の負担が重い鉄鋼と発電は販価転嫁が進む。営業黒字化。増配」とあり、材料記事の見出しは【新中計】。「4年間で２６８億円成長投資しアルミホイール事業拡大や鉄鋼で高付加価値製品拡充。25年度に営業利益率４・５％以上に」というように、具体的な数字が挙げられている。記事の内容は悪くない。

自己資本比率は39・９％だから、私の投資判断基準には合致しないのだが、低ＰＢＲと共に注目したのが配当利回りの高さだ。予想配当利回りが５・41％もある。しかもチャートを見ると、株価は２０１７年につけた３９３０円を高値にして、ひたすら下げ続けている。株価的には、ここからさらに大きく下げることはないだろうという判断で投資することにした。

２０２２年６月の株価は１２６５円から１４３５円で推移しているが、そこから

２０２３年中を通じて上昇トレンドを描き、２０２４年２月27日に３０９５円の高値を付けている。その後、２４００円台まで調整しているが、２０２４年３集夏号に掲載されているＰＢＲは０・４倍と、まだ割安の水準にとどまっている。

もう1点、同社の場合、ＰＳＲで見ても割安だ。２０２２年３集夏号の時点での時価総額は３１１億円で、２０２２年３月期決算の売上高は２７１１億７８００万円もある。

ちなみに、同社の株価は２０２２年６月を底値にして、２倍近くまで値上がりしたが、前述したように、当時の時価総額は３１１億円なので、恐らくここが中小型株で買われる水準の下限なのかもしれない。

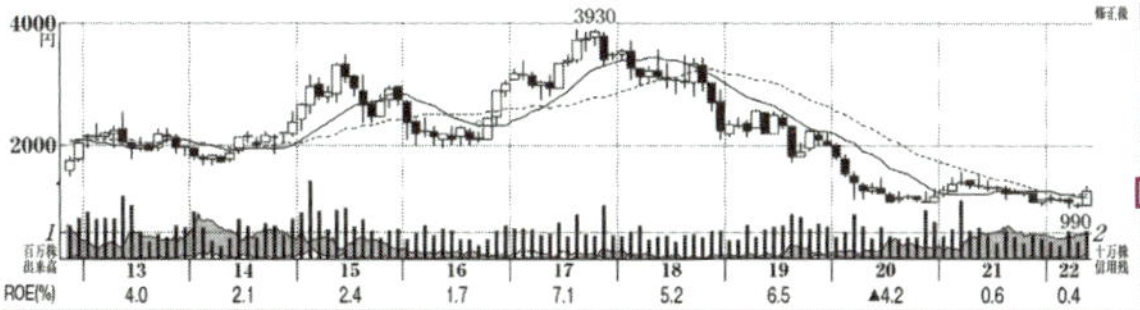

【輸送用機器】
7231 トピー工業《こうぎょう》
⬆⬆大幅増額

【決算】3月
【設立】1934.12
【上場】1949.5

【特色】商用車ホイール、建機用履板で国内首位。電炉で鉄鋼生産するなど一貫成形に強み。発電事業も
【連結事業】鉄鋼33(▲1)、自動車・産業機械部品61(3)、発電4(▲20)、サイエンス0(▲17)、賃貸−61(61)、他2(10)【海外】26 〈22・3〉

【黒字復帰】客先の半導体不足続くも自動車用ホイールの数量上昇、構造改革での生産効率化も効く。鉱山建機向けは好調続く。スクラップや石炭の負担が重い鉄鋼と発電は販価転嫁が進む。営業黒字化。増配。

【新中計】4年間で268億円成長投資しアルミホイール事業拡大や鉄鋼で高付加価値製品拡充。25年度に営業利益率4・5%以上に。社内炭素価格（ICP）導入も検討。

株価指標

予想PER	（倍）
〈23.3〉	6.0
〈24.3〉	5.7
実績PER	
高値平均	—
安値平均	—
PBR	0.26
株価(5/30)	1295円
最低購入額	12万9500円

年月【資本異動】		万株
02. 2	消却	22,077
06. 9	交換	22,077
08.10	三者2000万株 (289円)	24,077
16.10	併10→1	2,407

東証P	高値	安値
49~20	**3930**(17)	**22**(50)
21	1564(3)	1032(12)
22.1~5	1323(5)	990(4)

	高値	安値	出来万株
22. 3	1138	991	110
4	1063	**990**	65
#5	**1323**	1011	162

【外国人持株】▲4.0pt(▲6.6pt)
前年 12.9%(2年前 15.5%)
【会社業績修正】上方1　下方5
経常益÷期初会社予想　0.0倍
【業種】自動車部品
時価総額順位　47／124社
【比較会社】5949 ユニプレス, 7246 プレス工業, 5449 大阪製鉄

【株式】3/31 24,077千株
単位 100株 貸借 優待
時価総額 311億円
【財務】〈連22.3〉 百万円
総資産 282,195
自己資本 112,657
自己資本比率 39.9%
資本金 20,983
利益剰余金 62,114
有利子負債 86,035
【指標等】〈連22.3〉
ROE 0.4% 予4.4%
ROA 0.1% 予1.8%
調整1株益 —円
最高純益(06.3) 7,976
設備投資 84億 予119億
減価償却 127億 予134億
研究開発 11億 予 11億
【キャッシュフロー】百万円
営業CF ▲5,528(5,730)
投資CF ▲2,609(▲8,931)
財務CF 3,527(3,668)
現金同等物 19,850(23,319)

【株主】単10,008名〈22.3〉 万株
日本製鉄 481(20.0)
日本マスター信託口 223(9.2)
トピーファンド 115(4.8)
自社(自己株口) 105(4.3)
明治安田生命保険 97(4.0)
みずほ銀行 78(3.2)
自社従業員持株会 72(3.0)
日本カストディ信託口 62(2.5)
DFA Int'l スモールキャップバリュP 42(1.7)
りそな銀行 41(1.7)
〈外国〉8.9%〈浮動株〉16.4%
〈投信〉4.9%〈特定株〉55.2%
【役員】(社)高松信彦 (副社)木嶋伸一 (専)武澤雅吉 中村毅 (常)立花修一 (取)桐山毅* 金子浩子* 三上高弘* (常監)小川幸弘 坂本弘一 (監)川岸哲哉* 酒井明夫* (6.23予)
【連結】トピー実業, トピーファスナー工業, 明海発電

【業績】(百万円)	売上高	営業利益	経常利益	純利益	1株益(円)	1株配(円)
連18. 3	230,462	7,997	8,034	5,500	234.3	80
連19. 3	286,227	7,505	9,357	7,114	302.9	90
連20. 3	263,305	2,851	3,597	▲4,497	▲191.4	40
連21. 3	225,121	▲2,943	▲575	578	24.7	20
連22. 3	271,178	▲1,706	▲1,401	386	16.6	20
連23. 3予	352,000	6,600	7,500	5,000	217.6	70
連24. 3予	360,000	7,000	7,900	5,200	226.3	70
連21.4~9	125,059	▲1,462	▲1,588	▲1,472	▲63.2	0
連22.4~9予	150,000	2,600	3,000	2,000	87.0	0
会23. 3予	352,000	6,600	7,500	5,000	(22.5.11発表)	

【配当】	配当金(円)
18. 9	20
19. 3	70
19. 9	40
20. 3	0
21. 3	20
22. 3	20
23. 3予	70
予想配当利回り	5.41%
1株純資産(円)〈連22. 3〉	4,902 (4,611)

【本社】141-8634東京都品川区大崎1-2-2 アートヴィレッジ大崎Cタワー ☎03-3493-0777
【支店】名古屋☎052-263-1011, 大阪
【工場】豊橋, 豊川, 綾瀬, 神奈川, 明海, 鞍手, 羽村
【従業員】〈22.3〉連5,897名 単1,783名(41.3歳)年606万円
【証券】上東京P, 名古屋P 幹みずほ, 三菱Uモル 名三井住友信 監EY新日本
【銀行】みずほ, りそな, 横浜, 三菱U, 国際協力
【仕入先】日本製鉄
【販売先】トヨタ自動車

（出所）『会社四季報』2022年3集夏号

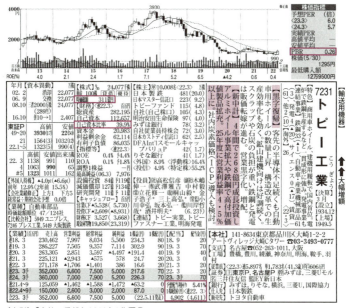

したがって、これを下回る時価総額しか持たないトレンダーズや北川鉄工所の株式が買われないのは、やむをえないのだろう。今のマーケットでは、時価総額が３００億円を下回る企業の株式は、流動性の面で難ありとみなされるのか、もしくは外国人投資家の買いの対象からも外されている恐れがある。

ポストコロナの筆頭株～第一興商（７４５８）

ポストコロナのリ・オープン銘柄として注目された銘柄の1つ。新型コロナウイルスの感染拡大によって、密を避けなければならないという理由から、２０２０年初頭から２０２２年中くらいまでは、カラオケボックスに行くことが、憚られる時代だった。

しかし、新型コロナウイルスのダウングレードによって、季節性インフルエンザ並みとされるようになった時期から、徐々にインバウンド観光客の入国制限も解除されるなど、経済活動は正常化に向けて動き出した。

特に、宿泊施設や屋内レジャー関連、外食などは、新型コロナウイルス感染拡大の時期に合わせて休業を強いられてきただけに、リ・オープンによって業績が大きく伸びる可能性が、当時は期待されていた。実際、２０２２年3集夏号の業績予想記事を見ると、見出しには【黒字化】とあり、記事には「コロナ禍の影響緩和」と書かれている。

第一興商を選んだ理由は、それだけではない。実質的に無借金経営だったからだ。財務情報を見ると、有利子負債が４７８億３００万円あるが、一方で現金同等物が６８１億２５００万円もあった。かつ予想配当利回りが２・８%あり、自己資本比率も57・４%と比較的高い状態を維持している。数字的には決して悪くはない。だから、ポストコロナを睨んで、この銘柄に投資したのだ。

株価は、ポストコロナを意識した動きとなった。２０２２年６月の株価は１８１０円から２０３０円の間で推移していたが、そこから上昇トレンドを辿り、２０２３年９月には２８８９円の高値をつけた。２０２１年３月期決算、２０２２年３月期

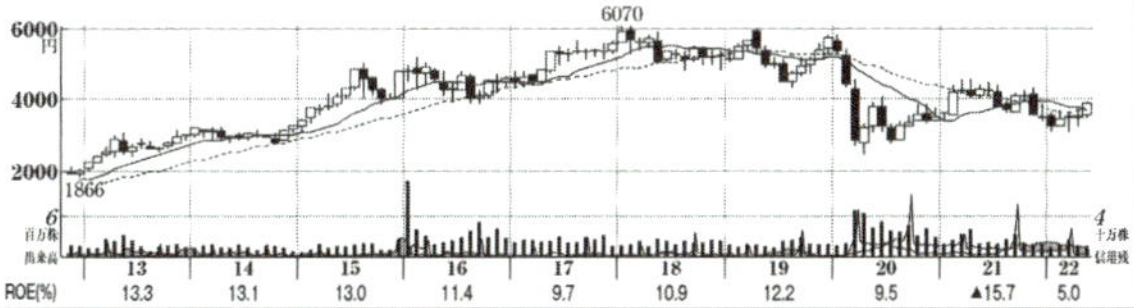

株価指標
予想PER (倍)
〈23.3〉 24.4
〈24.3〉 21.0
実績PER
高値平均 27.0
安値平均 12.0
PBR 2.12
株価(5/30) 4030円
最低購入額 40万3000円

【卸売業】
7458 (株)第《だい》一《いち》興《こう》商《しょう》
↑↑大幅増額
【決算】3月
【設立】1973.4
【上場】1995.9

【特色】業務用通信カラオケ「DAM」で業界首位。直営で「ビッグエコー」や飲食店運営。音楽ソフトも
【連結事業】業務用カラオケ56(23)、カラオケ・飲食店舗26(▲46)、音楽ソフト6(1)、他12(9) 〈22・3〉

【黒字化】コロナ禍の影響緩和。カラオケ・飲食店は営業正常化進む。業務カラオケは導入増、稼働率改善。コンテンツ拡充で客数も回復。駐車場事業も増勢。前期の固定費削減効果発現、営業損益黒字化。助成金特益は縮小だがコロナ対策特損も減る。
【カラオケ店】集客力と顧客満足度向上狙い、最上位機種のカラオケ機器への入れ替え推進。高音質のマイクも全店に設置。

年月	【資本異動】	万株
97. 5	分1→1.25	1,875
04. 5	分1→2	3,662
06. 7	分1→2	7,324
21. 5	消却	5,473

東証P	高値	安値
95~20	17000(95)	730(08)
21	4595(4)	3385(12)
22.1~5	4105(5)	3090(1)

	高値	安値	出来万株
22. 3	3640	3110	251
4	3685	3240	161
#5	4105	3460	196

【外国人持株】▲0.9pt(▲2.2pt)
前年 26.6%(2年前 27.9%)
【会社業績修正】上方1 下方3
経常益÷期初会社予想 0.7倍
【業種】外食・娯楽サービス
時価総額順位 7/156社
【比較会社】2157 コシダカH, 2404 鉄人化計画

【株式】5/30 54,734千株
単位 100株 貸借 優待
時価総額 2,205億円
【財務】〈連22.3〉 百万円
総資産 180,389
自己資本 103,544
自己資本比率 57.4%
資本金 12,350
利益剰余金 87,733
有利子負債 47,803
【指標等】〈連22.3〉
ROE 5.0% 予8.7%
ROA 2.9% 予5.0%
調整1株益 95.1円
最高純益(19.3) 15,600
設備投資 93億 予‥億
減価償却 118億 予‥億
研究開発 0億 予‥億
【キャッシュフロー】百万円
営業CF 18,165(7,755)
投資CF ▲9,297(▲9,539)
財務CF ▲8,487(22,174)
現金同等物 68,125(67,680)

【株主】単17,108名〈22.3〉 万株
日本マスター信託口 718(13.1)
保志忠郊 624(11.4)
保志治紀 611(11.1)
JPモルガン・チェース・バンク380055 293(5.3)
(株)ホシ・クリエート 244(4.4)
ノーザン・トラスト(AVFC)リフィデリティF. 200(3.6)
アサヒビール 182(3.3)
日本カストディ信託口 160(2.9)
バンク・オブNYメロン(Int'l)131800 138(2.5)
三菱UFJ信託銀行 114(2.0)
〈外国〉25.7% 〈浮動株〉 7.8%
〈投信〉 6.5% 〈特定株〉60.4%
【役員】(社)保志忠郊 (取)保志治紀 大塚賢治 飯島毅 古田敦也* 増田千佳* (常監)梅津広* 小泉文明 (監)有近真澄* 柴野浩良 (6.24予)
【連結】台東第一興商, ディーケーファイナンス

【業績】(百万円)	売上高	営業利益	経常利益	純利益	1株益(円)	1株配(円)
連18. 3	141,370	21,103	21,857	13,115	230.0	111
連19. 3	143,833	19,672	20,881	15,600	274.4	112
連20. 3	146,297	19,058	20,133	12,555	221.9	113
連21. 3	93,316	▲2,693	▲1,194	▲18,782	▲338.5	113
連22. 3	94,787	▲289	888	5,196	95.2	113
連23. 3予	126,000	10,000	11,000	9,000	164.9	113
連24. 3予	140,000	16,000	17,000	10,500	192.3	113
連21.4~9	39,529	▲1,945	▲1,176	▲1,429	▲26.2	56
連22.4~9予	58,500	2,400	3,000	3,400	62.3	56
会23. 3予	126,000	10,000	11,000	9,000	(22.5.12発表)	

【配当】	配当金(円)
20. 3	57
20. 9	56
21. 3	57
21. 9	56
22. 3	57
22. 9予	56
23. 3予	57
予想配当利回り	2.80%
1株純資産(円)〈連22. 3〉	
1,897	(1,912)

【本社】141-8701東京都品川区北品川5-5-26 ☎03-3280-2151
【支店】東京, 横浜, 大阪, 千葉, 豊橋, 他24
【従業員】〈22.3〉連3,369名 単1,878名(41.3歳)年586万円
【証券】上東京P 幹(主)野村(副)日興, みずほ, 三菱Uモル, 大和 名三菱U信 監EY新日本
【銀行】三菱U, みずほ, 三井住友, 横浜, 農中, 新生
【仕入先】富士通
【販売先】快活フロンティア

（出所）『会社四季報』2022年3集夏号

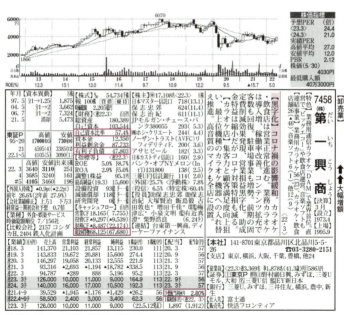

決算と営業利益が赤字になり、ようやく黒字転換が視野に入ってきたなかで、株価は50％程度上昇したが、2889円の高値を付けたところから下落トレンドが始まり、2024年6月14日には1560円という安値を付けてしまった。この間の下落トレンドによって、2022年6月の株価を下回ったことになる。

業績自体はそんなに悪くはない。黒字転換も実現したし、2023年3月期決算にしても、2024年3月期決算にしても、営業利益は2022年3集夏号に掲載されていた二期予想に比べて、良い数字が出ている。

そうであるにもかかわらず、なぜここまで株価が下げ続けたのか。2022年3集夏号の数字に比べて、何が大きく変わったのか。それをチェックしていくと、「現金同等物」が大きく減っていることに気付く。当時、現金同等物が681億2500万円あったのが、2024年3集夏号の数字は493億円しかない。一体、何に使ったのかを調べていくと、2024年2集春号に「東京都港区に約320億円でオフィスビルを取得。本社機能集約へ」とある。この時点では、現金同等物は714億円あり、有利子負債も340億円程度でキャッシュリッチな会社だった。

この点を少し勘ぐると、なぜ不動産価格が大きく上昇している2024年3月末に、地価上昇の著しい港区に、本社機能を集約させるためとはいえ、ビルを買ったのかという点に疑問が残る。

ひょっとしたら、現金を多く抱えているとアクティビストの餌食になると思ったのかどうなのか、そこは定かではないが、配当させられてしまうくらいなら本社ビルを買ってしまえ、ということなのかもしれないし、来るべき本格的なインフレ時代を想定して、現金をインフレに強い資産へと置き換えているのかもしれない。そこは定かでないが、少なくとも株価を見る限りにおいて、この手の施策があまり高く評価されていないのは事実だ。

これから数年かけて2倍、3倍を狙いたい銘柄

これまで述べてきたのは、これまでの投資の総括で、2022年3集夏号を使って選んだ銘柄が、現時点までにどうなったのかを説明した。

みなさんも読んでわかったようにファンダメンタルズがしっかりしている企業でも需給によって株価が上がらない場合は多々あるし、専門家だからと言って投資がすべてうまくいくわけでもない。投資はそれだけ奥が深くて、株価の先行きを完全に予想できる人はい

ない。重要なのは何に投資しても大やけどしないことである。そのため、アップサイドが大きく、ダウンサイドが小さい投資先を選ぶのが重要となる。たとえ一勝三敗しても、勝った銘柄で大きく利益を取れれば、資産が増える。

ここからは、２０２４年2集春号をベースにして、これから2年後、あるいは3年後に株価倍増、3倍増を狙えるかもしれない銘柄について考えてみたいと思う。

新日本空調（1952）

業績予想記事の見出しは【最高益】。業績は堅調だし、PSRを見ても696億円の時価総額に対して、売上高は1122億3400万円もあるから、時価総額が増える余地はまだまだあると見ている。

ポイントは材料記事にもあるように、「半導体やデータセンター、医療機器、木造高層など受注想定上回る。データセンター向け高発熱サーバールームの排気気流対策製品を開発。省エネ運用に寄与」というところだ。

世間では俗にAIと呼ばれているが、AIとは何かを突き詰めていくと、それはデータセンターを指している。このデータセンターに大きな売上があるのだとしたら、新日本空調は空調機器というよりも、AI関連銘柄であると考えることもできる。

財務も良い。自己資本比率は57%あるので十分な合格点をあげることができる。有利子負債が44億9000万円あるが、現金同等物が249億2700万円あるので、現金差し引きで現金が200億円超あることになる。そして、この時の市況では、時価総額が696億円あるので、実質的にこの会社の価値は500億円と判断できる。

業績も好調だ。2024年3月期と2025年3月期の予想は増収増益の見通しとなっている。

もう1つの注目点は、やはりPSRだろう。1122億3400万円の売上高に対して、時価総額は696億円しかない。PSRを計算すると0・6倍だ。2023年のPBR革命の後、私はPSR革命が来

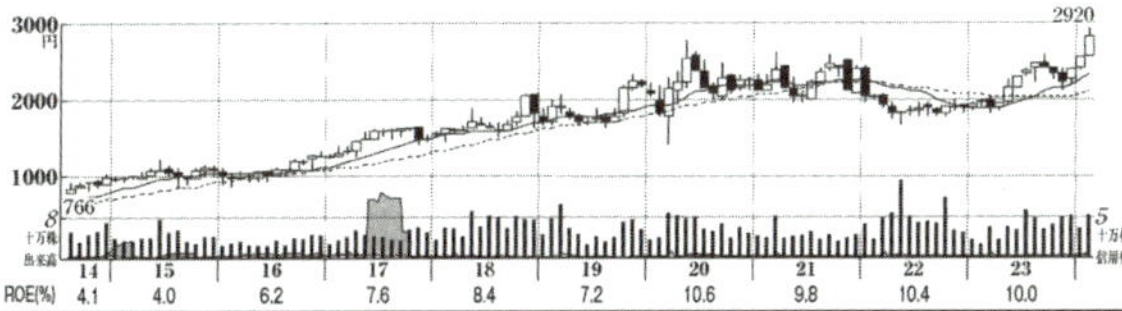

株価指標
予想PER (倍)
〈24.3〉 11.1
〈25.3〉 10.9
実績PER
高値平均 11.2
安値平均 8.3
PBR 1.09
株価(2/26) 2868円
最低購入額 28万6800円

【建設】 1952 新《しん》日《にっ》本《ぽん》空《くう》調《ちょう》 ➡前号並み 😊会社比強気

【決算】3月 【設立】1969.10 【上場】1990.11

【特色】三井系の空調設備工事会社。原子力空調も手がける。微粒子可視化システムなど独自技術も展開
【連結事業】一般空調工事93、原子力施設空調工事7 【海外】8

〈23・3〉

【最高益】12月末繰越高1231億円(前年同期比8・5%増)。半導体・再開発など伸びて営業益やや上振れ。25年3月期は国内外で産業施設工事が続伸。原子力新規制基準対応工事寄与。人件費・DX費増こなす。

【受注】半導体やデータセンター、医療機器、木造高層など受注想定上回る。データセンター向け高発熱サーバールームの排気気流対策製品を開発。省エネ運用に寄与。

年月	【資本異動】	万株
93. 3	公20万株(2085円)	2,151
93. 5	分1→1.1	2,366
97. 5	分1→1.1	2,603
19. 4	消却	2,428

東証P	高値	安値
90~21	**5190**(91)	**310**(11)
22	2429(1)	1676(5)
23	2585(9)	1819(3)

	高値	安値	出来万株
23.12	2394	**2168**	83
24. 1	2559	2376	57
#2	**2920**	2557	90

【生産性比較】従業員数+54人
1人当り営業利益443万円(1.61倍)
【採用】初25.0万円
予60 内定60(女15) 中途20
【業種】設備工事
時価総額順位 19/48社
【比較会社】1961 三機工業, 1969 高砂熱学, 1975 朝日工業社

【株式】1/31 24,282千株
単位 100株 [貸借] [優待]
時価総額 696億円
【財務】〈連23.12〉 百万円
総資産 105,640
自己資本 60,164
自己資本比率 57.0%
資本金 5,158
利益剰余金 40,117
有利子負債 4,490
【指標等】〈連23.3〉
ROE 10.0% 予9.8%
ROA 5.1% 予5.6%
調整1株益 238.9円
最高純益(23.3) 5,597
設備投資 785 予 ‥
減価償却 444 予 ‥
研究開発 469 予 ‥
【キャッシュフロー】百万円
営業CF 12,820(7,004)
投資CF ▲1,168(414)
財務CF ▲2,266(▲4,413)
現金同等物 24,927(15,435)

【株主】単5,231名〈23.9〉 万株
自社協和会	219	(9.0)
自社(自己株口)	143	(5.9)
日本マスター信託口	142	(5.8)
三井物産	126	(5.2)
自社従業員持株会	104	(4.3)
三井住友銀行	99	(4.1)
日本カストディ信託口	78	(3.2)
日本電設工業	76	(3.1)
東芝	62	(2.5)
三井住友信託銀行	60	(2.4)

〈外国〉5.7% 〈浮動株〉9.3%
〈投信〉3.6% 〈特定株〉46.4%

【役員】(会)夏井博史 (社)廣島雅則 (取)伊藤雅基 井上聖野田英勝 前川伸二 森信茂樹* (取監)森本利彦 水野靖史* 東海秀樹* 梅原由美子* (4.1予)

【連結】新日空サービス, 日宝工業

【業績】(百万円)	売上高	営業利益	経常利益	純利益	1株益(円)	1株配(円)
連21. 3	107,253	6,386	6,676	4,637	199.5	70特
連22. 3	106,718	6,881	7,366	5,403	231.9	75特
連23. 3	112,234	7,124	7,914	5,597	239.7	80特
連24. 3予	125,000	8,000	8,400	5,900	258.3	80
連25. 3予	127,000	8,200	8,600	6,000	262.6	80~83
連23.4~9	46,969	1,415	1,690	1,129	48.5	30
連24.4~9予	48,000	2,200	2,400	1,600	70.0	30
連22.4~12	72,386	3,834	4,562	3,078	131.9	
連23.4~12	85,626	5,069	5,516	4,073	175.8	
会24. 3予	123,000	7,700	8,100	5,700	(23.5.11発表)	

【配当】	配当金(円)
22. 3	55
22. 9	20
23. 3	60
23. 9	30
24. 3予	50
24. 9予	30
25. 3予	50~53

予想配当利回り 2.79%
1株純資産(円)〈連23.12〉 2,633 (2,487)

【本社】103-0007東京都中央区日本橋浜町2-31-1 浜町センタービル ☎03-3639-2700
【支店】北海道, 東北, 関東, 横浜, 名古屋, 大阪, 中国, 九州【研究所】茅野【海外】上海, スリランカ, シンガポール, ミャンマー, 他
【従業員】〈23.12〉連1,656名 単1,175名(44.1歳)年957万円
【証券】上東京P 幹(主)野村(副)三菱Uモル 名三井住友信 監トーマツ
【銀行】三井住友, 三井住友信, 三菱U, みずほ
【仕入先】—
【販売先】—

(出所)『会社四季報』2024年2集春号

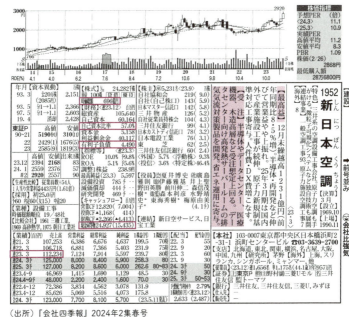

ると見ているので、PSRから見て割安な銘柄には注目しておくと良い。しかも、時価総額696億円のうち200億円は現金だから、実質的な時価総額は500億円に見積もることができる。すると、PSRは0・6倍ではなく0・44倍まで低下する。この割安さは大いに魅力的だ。

日本ケアサプライ（2393）

福祉用具レンタルの大手企業だ。時価総額が317億円と、**決して大きな企業ではないが、こういう時、真っ先に調べるべきは、バックに大きな企業がついているかどうか**だ。

本書の冒頭でも触れたように、私が野村證券の機関投資家第2部の営業に配属された時、部で行われていた会社四季報を読み込んで自分の推奨銘柄を選ぶゲームで、ウエストホールディングスを挙げたのは、サンテックという中国の大手企業と取引していたのが一番の理由だったが、それと同じだ。

では日本ケアサプライの場合はどうかというと、【株主】の項目に三菱商事とALSOKが、それぞれ38・2％と30・3％の株式を握っている大株主であることがわかる。両社の思惑として、株価がもっと値上がりしたところで売却して利益を得ようとしているのか、それともお互いにお互いの持株を買い取って完全子会社にしようとしているのか、そこは定かでないが、現時点においてはまだまだ時価総額が小さいので、しばらくは育てていこうという考え方なのかもしれない。

いずれにしても、両社で発行済株式の68・5%を握っていて、浮動株比率が13・4%ということは、大きく売られる心配をする必要がない。つまり株価の下値リスクが、かなり限定的であることを意味している。

また外国人投資家の持株比率はわずか1・4%なので、今後、外国人投資家がある程度、力を入れて同社の株式を買ってきた時には、結構、株価が上昇する可能性もある。

他の要件に目を向けると、予想配当利回

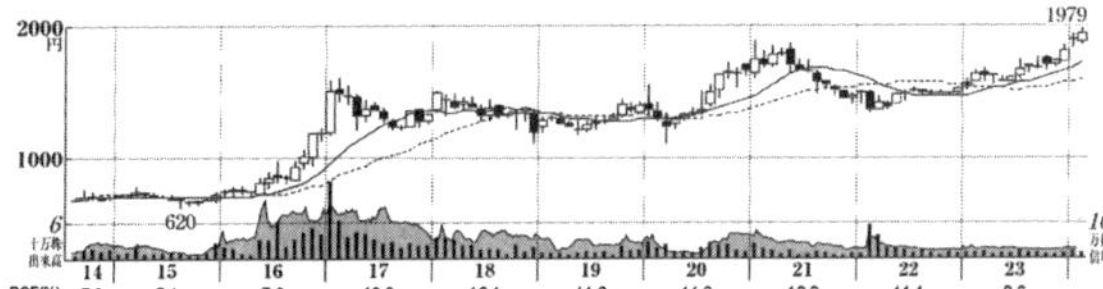

ROE(%)	7.0	5.1	7.6	10.0	12.1	11.3	11.3	12.3	11.1	9.6

株価指標

予想PER	(倍)
〈24.3〉	18.9
〈25.3〉	16.8
実績PER	
高値平均	17.1
安値平均	12.4
PBR	1.88
株価(2/26)	1943円
最低購入額	19万4300円

【サービス】

2393 (株)日本《にっぽん》ケアサプライ

➡前号並み

【決算】3月 【設立】1998.3 【上場】2004.2

【特色】福祉用具レンタル卸大手。物流機能持つ営業所を全国展開。三菱商事、ALSOKが大株主
【連結事業】福祉用具サービス87、高齢者生活支援サービス13 〈23・3〉

【最高益】柱の福祉用具レンタルは拠点数増で着実。ALSOKと連携で備品販売尻上がり。用具償却費こなし営業増益。25年3月期はレンタルが拠点拡大で順調。BCP対応等で引き合い強い冷凍弁当も拡大。人件費、償却費の負担増こなす。最高純益。
【選択制】24年度介護保険制度改正で福祉用具の一部を貸与か販売か選択制に。今後販売対象が拡大なら継続利用の減少懸念。

年月【資本異動】		万株
04. 9	分1→2	8.9
06. 8	分1→2	18
12. 3	消却	16
13.10	分1→100	1,634

東証Ⓢ	高値	安値
04~21	2330000(04)	620(15)
22	1528(12)	1342(2)
23	1840(12)	1512(1)

	高値	安値	出来万株
23.12	1840	1726	8
24. 1	1930	1832	13
#2	1979	1860	10

【生産性比較】従業員数+439人 1人当り営業利益168万円(0.73倍)
【採用】初21.5万円 予前年並 内定22(女14) 中途72
【業種】ヘルスケア製品・サービス 時価総額順位 52/139社
【比較会社】4544 H.U.G,9729 トーカイ,7817 パラマウH

【株式】1/31 16,342千株 単位 100株 時価総額 317億円
【財務】〈連23.12〉 百万円

総資産	24,567
自己資本	16,042
自己資本比率	65.3%
資本金	2,897
利益剰余金	11,914
有利子負債	1,658

【指標等】〈連23.3〉

ROE	9.6%	予10.0%
ROA	6.5%	予 6.5%
調整1株益		一円
最高純益(21.3)		1,732
設備投資	7,749	予7,598
減価償却	5,686	予 ‥
研究開発	‥	予 ‥

【キャッシュフロー】百万円

営業CF	▲7	(53)
投資CF	132	(741)
財務CF	▲381	(▲724)
現金同等物	1,491	(1,748)

【株主】単7,722名〈23.9〉 万株

三菱商事	625(38.2)
ALSOK	496(30.3)
自社(自己株口)	80(4.9)
三菱総合研究所	54(3.3)
自社従業員持株会	15(0.9)
MSIPクライアントセキュリティーズ	13(0.7)
光通信(株)	10(0.6)
椛田法義	8(0.5)
SBI証券	8(0.4)
東京短資	6(0.4)

〈外国〉1.4% 〈浮動株〉13.4%
〈投信〉0.0% 〈特定株〉80.7%

【役員】(社)高﨑俊哉 (取)平松雅之 北浦克俊 熊谷敬 吉池由美子* 小林信昭* (常監)藤井剛 (監)吉川栄二 上石奈緒* 渡邊慎一*
【連結】ライフタイムメディ,ケアビジネスサポートシステム

【業績】(百万円)	売上高	営業利益	経常利益	純利益	1株益(円)	1株配(円)
連21. 3	21,017	2,613	2,636	1,732	111.5	46
連22. 3	23,297	2,327	2,362	1,675	107.8	60
連23. 3	25,892	2,117	2,142	1,514	97.5	70
連24. 3予	29,000	2,300	2,300	1,600	103.0	70
連25. 3予	32,000	2,600	2,600	1,800	115.8	70
連23.4~9	13,779	999	1,012	681	43.9	0
連24.4~9予	15,500	1,200	1,200	700	45.1	0
連22.4~12	19,247	1,628	1,651	1,083	69.7	
連23.4~12	21,096	1,583	1,605	1,064	68.5	
会24. 3予	29,000	2,300	2,300	1,600	(23.5.10発表)	

【配当】	配当金(円)
19. 3	46
20. 3	46
21. 3	46
22. 3	60
23. 3	70
24. 3予	70
25. 3予	70
予想配当利回り	3.60%
1株純資産(円)〈連23.12〉	1,032 (1,034)

【本社】105-0012東京都港区芝大門1-1-30 芝NBFタワー ☎03-5733-0381
【営業拠点】北海道8,東北11,北関東4,首都圏第一10,首都圏第二11,北越7,中部10,関西10,中四国12,九州11 計94
【従業員】〈23.6〉連1,254名 単1,215名(41.7歳)年412万円
【証券】上東京Ⓢ 幹(主)三菱Uモル(副)大和,日興,みずほ,岡三,野村,松井 名三菱U信 監トーマツ【銀行】三菱U,三井住友
【仕入先】一
【販売先】一

(出所)『会社四季報』2024年2集春号

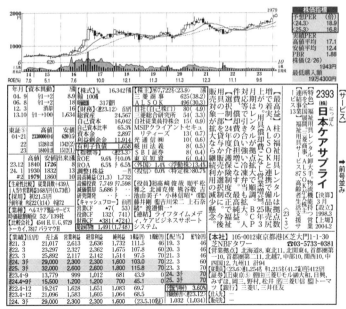

りが3・6%。有利子負債は16億5800万円と少なく、現金同等物が14億9100万円ある。借金はほぼないに等しい。

PERは2025年3月期予想で16・8倍だから、普通に株価は伸びていくイメージがあるし、PBRが1・88倍だから、万年バリュー銘柄になる恐れも小さい。

株価はすでに上昇トレンドの最中で、2024年3月4日には2050円の高値をつけているが、現在の相場が大きく崩れるようなことにならなければ、時価総額で1000億円くらいは行くと考えている。2024年2集春号の時価総額が317億円だから、1000億円まで伸びるとしたら、株価は3倍だ。

かどや製油（2612）

底打ち反転が、この銘柄のキーワードだ。時価総額は367億円で、これもかなり小ぶりの企業だが、そこには少し期待感がある。これまで比較的、時価総額の大きな企業の株式が買われてきたが、次のローテーションで、物色の方向性が時価総額300億円前後の中小型株に移っていくのではないか、という期待感だ。

チャートを見るとわかるが、2018年2月に7600円の高値を付けた後、2019年9月に底を打ったものの、そこからほぼ横ばいが続いている。大きなダウンサイドリスクはほぼないといっても良いだろう。

業績予想記事の見出しは【堅調】。特に2025年3月期はインバウンド需要の恩恵がある業務用が続伸するという。輸出も北米を中心に増加していて、原材料費や人件費の増加は業績面に厳しいものの、前期の値上げが業績面に大きく寄与していて、連続増益を達成している、といった旨が記載されている。

現状、【連結事業】に記載されている数字を見ると、海外の売上比率は15％しかない。が、材料記事では【海外向け】という見出しがあり、「非焙煎ごま油など、現地の嗜好を考慮した商品の輸出拡大を目指す。サプリはテレビ通販などの販路開拓を検討」とある。今後、どのくらいのペース

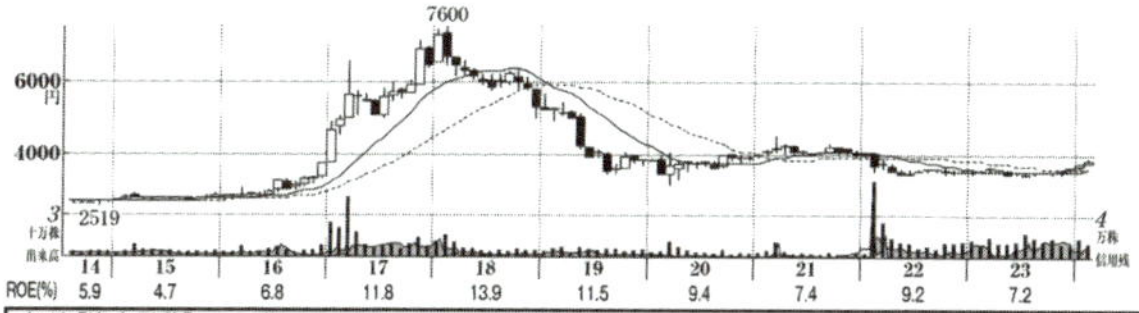

株価指標
予想PER (倍)
〈24.3〉 18.0
〈25.3〉 16.9
実績PER
高値平均 16.4
安値平均 13.2
PBR 1.05
株価(2/26) 3905円
最低購入額 39万500円

【食料品】
2612 かどや製《せい》油《ゆ》
➡前号並み
【決算】3月
【設立】1957.5
【上場】1993.11

【特色】ごま油で国内首位。1858年に小豆島で創業。原料の仕入れ・販売で三井物産と長期密接
【連結事業】ごま油77(9)、食品ごま23(2)、他0(54)【海外】15 〈23・3〉

【堅調】業務用は外食の業況回復でごま油、食品ごまともに好調。家庭用は数量減でも値上げ浸透。為替差益減。25年3月期はインバウンド需要の恩恵ある業務用続伸。輸出も北米中心に増加。原材料高や人件費増痛いが前期値上げがフル寄与。連続増益。
【海外向け】非焙煎ごま油など、現地の嗜好を考慮した商品の輸出拡大を目指す。サプリはテレビ通販などの販路開拓を検討。

【株主】㊗10,275名〈23.9〉 万株
三菱商事 247(26.3)
三井物産 201(21.4)
小澤物産 106(11.3)
小澤商事 42(4.5)
国分グループ本社 28(2.9)
自社(自己株口) 18(1.9)
日本マスター信託口 16(1.7)
日清食品HLD 15(1.5)
日本カストディ信託口 14(1.5)
伊藤忠商事 13(1.3)
〈外国〉1.3% 〈浮動株〉19.9%
〈投信〉2.1% 〈特定株〉75.1%

【役員】㈳久米敦司 ㈹井尻尚宏 中山裕章 長澤昇 齋藤聖美* 大西賢* 竹田真* ㈱植松博司 山内文明* ㈱秋元建夫* 田中眞光* 堤隆敏*
【連結】カタギ食品

【株式】1/31 9,400千株
単位 100株 優待
時価総額 367億円
【財務】〈連23.12〉 百万円
総資産 41,059
自己資本 34,248
自己資本比率 83.4%
資本金 2,160
利益剰余金 28,772
有利子負債 0
【指標等】〈連23.3〉
ROE 7.2% 予5.8%
ROA 5.6% 予4.9%
調整1株益 ―円
最高純益(18.3) 3,465
設備投資 594 予 929
減価償却 1,512 予1,375
研究開発 123 予 182
【キャッシュフロー】百万円
営業CF 2,460(4,542)
投資CF ▲720(▲473)
財務CF ▲1,002(▲781)
現金同等物 6,871(6,133)

年月【資本異動】		万株
92. 2	分1→10	730
93.11	公100万株(3000円)	830
02. 1	三者110万株(800円)	940

東証Ⓢ	高値	安値
93~21	7600(18)	450(98)
22	4090(1)	3400(5)
23	3670(3)	3420(7)

	高値	安値	出来万株
23.12	3670	3495	9
24. 1	3780	3625	13
#2	3910	3705	11

【生産性比較】従業員数＋139人
1人当り営業利益475万円(0.39倍)
【採用】初24.0万円
予未定 院定4(女1) 中途9
【業種】食品
時価総額順位 66／171社
【比較会社】2602 日清オイリ, 2004 昭和産業, 2613 J－オイル

【業績】(百万円)	売上高	営業利益	経常利益	純利益	1株益(円)	1株配(円)
連21. 3	35,100	3,021	3,135	2,101	228.4	85
連22. 3	32,185	3,450	3,968	2,769	301.0	110
連23. 3	33,690	2,638	3,353	2,305	250.5	100
連24. 3予	34,500	2,800	3,000	2,000	217.3	85
連25. 3予	36,500	3,000	3,200	2,130	231.4	90~95
連23.4~9	18,019	1,979	2,182	1,457	158.4	0
連24.4~9予	19,000	2,000	2,150	1,420	154.3	0
連22.4~12	25,551	2,706	3,424	2,358	256.3	
連23.4~12	27,078	2,847	3,066	2,063	224.3	
会24. 3予	35,000	2,800	3,000	2,000	(23.11.8発表)	

【配当】	配当金(円)
19. 3	120
20. 3	110
21. 3	85
22. 3	110
23. 3	100
24. 3予	85
25. 3予	90~95
予想配当利回り	2.18%
1株純資産(円)〈連23.12〉	3,721 (3,566)

【本社】141-0001東京都品川区北品川5-1-18 住友不動産大崎ツインビル東館 ☎03-6721-6957
【支店】東京, 大阪, 名古屋, 仙台, 広島, 福岡
【営業所】1【工場】小豆島, 袖ケ浦
【従業員】〈23.12〉連557名 単417名(41.5歳)年681万円
【証券】上東京Ⓢ 幹(主)野村(副)みずほ, 日興, 三菱Uモル 名三菱U信 監トーマツ
【銀行】みずほ, 三井住友, 三菱U, 三菱U信
【仕入先】三井物産, MCアグリアライアンス
【販売先】三菱食品, 加藤産業

（出所）『会社四季報』2024年2集春号

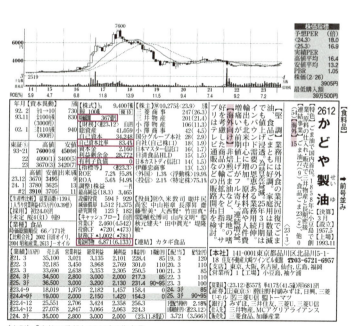

で海外売上比率が向上していくのか、継続チェックのためのポイントだ。

自己資本比率は非常に高く、83・4%もある。有利子負債はゼロで、現金同等物が68億7100万円もある。営業利益率も10%とまでは言わないが、7~8%はある。中身は決して悪くはない。

そうであるにもかかわらず、6月になっても株価には大きな反応が見られない。それは、現時点においてはまだ時価総額300億円前後の銘柄は、物色対象として見られていないからだ。

ポテンシャルは十分にあると見ている。何しろ2018年2月2日は7600円の高値を付けている銘柄なのだ。

FFRIセキュリティ(3692)

さらに時価総額の小さな銘柄を取り上げたい。FFRIセキュリティの時価総額は、わずか152億円だ。テーマは「安全保障関連」のど真ん中といっても良いだろう。サイバーセキュリティを専業とする企業だ。

前々から、この銘柄はどこかがおかしいと思っていた。安全保障関連なのに、どうして株価がここまで割安な状態で放置されているのか。チャートを見ればわかるが、2015

年に1万8500円の高値があったものの、そこからひたすら下げ続け、2016年からはずっと緩やかな下げ相場が続いている。2024年6月末の株価は2107円だ。

ここまで長期にわたって下げ相場が続くと、持っている投資家はいい加減、嫌気がさしてくるだろう。とはいえ、これだけ長期の株価低迷が続くと、何かをきっかけにして株価が一気に上昇へと転じる可能性もある。

きっかけは何か。2024年2集春号の2025年3月決算予想によると、売上高が30億円の見込みで、これは2022年3月期決算の17億7900万円から見るとほぼ倍の伸びを示している。私が考える成長

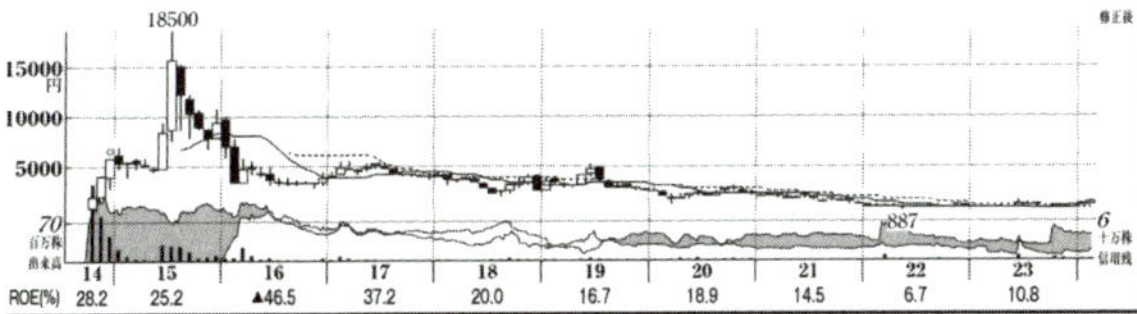

ROE(%) 28.2 25.2 ▲46.5 37.2 20.0 16.7 18.9 14.5 6.7 10.8

株価指標
予想PER (倍)
〈24.3〉 70.1
〈25.3〉 49.0
実績PER
高値平均 105.4
安値平均 52.2
PBR 7.64
株価(2/26) 1858円
最低購入額 18万5800円

【情報・通信】 ⬆前号比増額

3692 (株)FFRIセキュリティ
【決算】3月 【設立】2007.7 【上場】2014.9

【特色】サイバーセキュリティ専業。標的型攻撃防ぐ「ヤライ」で著名。防衛省など安全保障関連を強化中
【連結事業】サイバー・セキュリティ78(17)、ソフトウエア開発・テスト22(5) 〈23・3〉

【続伸】安全保障向けの大型案件寄与。エンジニアの稼働率上昇が想定超。営業増益幅さらに拡大。25年3月期も旺盛な安全保障関連案件が利益成長を牽引、稼働率も一段上昇。「ヤライ」の縮小を埋める。
【配当開始】安全保障向け事業の安定的成長を受け配当開始。今後も安定配当を志向。安全保障向け案件豊富、エンジニアの配置を見直し、稼働率の平準化を推進。

【株主】㊥7,169名〈23.9〉 万株
鵜飼裕司 134(16.3)
金居良治 84(10.2)
SMBC信託銀行管理信託A035 60(7.3)
SMBC信託銀行特定有価証券信託口 60(7.3)
自社(自己株口) 28(3.4)
SBI証券 20(2.5)
田中重樹 17(2.0)
上田八木短資 12(1.4)
BBH三井住友T(ロンドンB)ジャパンスモールC 10(1.2)
JPMSE・Lux・UBS(ロンドン)ブランチEC 8(1.0)
〈外国〉7.4% 〈浮動株〉32.1%
〈投信〉0.0% 〈特定株〉53.1%
【役員】㈹鵜飼裕司 ㈱金居良治 ㈿田中重樹 ㈹川原一郎 梅橋一充 ㈱原澤一彦 松本勉* 山口功作* 平山孝雄* 中山泰秀*
【連結】シャインテック

年月【資本異動】		万株
14. 9	公14万株(1450円)	184
14.10	三者4.99万株(OA)	189
14.12	分1→4	757

東証G	高値	安値
14~21	18500(15)	1229(21)
22	1445(3)	887(5)
23	1733(6)	903(3)

	高値	安値	出来万株
23.12	1365	1182	128
24. 1	1582	1263	175
#2	1897	1415	182

【生産性比較】従業員数+97人
1人当り営業利益108万円(0.31倍)
【採用】初23.6万円
予増加 内定6(女0) 中途14
【業種】パッケージソフト
時価総額順位 29/69社
【比較会社】4704 トレンドM, 4288 アズジェン, 3040 ソリトンS

【株式】1/31 8,190千株
単位 100株 貸借
時価総額 152億円
【財務】〈連23.12〉 百万円
総資産 3,149
自己資本 1,923
自己資本比率 61.1%
資本金 286
利益剰余金 1,799
有利子負債 0
【指標等】〈連23.3〉
ROE 10.8% 予10.9%
ROA 7.1% 予6.7%
調整1株益 —円
最高純益(20.3) 274
設備投資 39 予‥
減価償却 40 予‥
研究開発 111 予‥
【キャッシュフロー】百万円
営業CF 302(▲16)
投資CF ▲26(▲157)
財務CF ▲161(▲275)
現金同等物 1,758(1,644)

【業績】(百万円)	売上高	営業利益	経常利益	純利益	1株益(円)	1株配(円)
単21. 3	1,618	328	329	249	30.4	0
連22. 3	1,779	103	156	120	15.0	0
連23. 3	1,952	202	247	187	23.6	0
連24. 3予	2,450	280	300	210	26.5	7
連25. 3予	3,000	410	430	300	37.9	7
連23.4~9	952	52	63	44	5.6	0
連24.4~9予	1,300	130	140	90	11.4	0
連22.4~12	1,263	▲12	12	7	0.9	
連23.4~12	1,656	227	240	174	22.1	
会24. 3予	2,397	261	281	195	(23.11.13発表)	

【配当】	配当金(円)
19. 3	0
20. 3	0
21. 3	0
22. 3	0
23. 3	0
24. 3予	7
25. 3予	7

予想配当利回り 0.38%
1株純資産(円)〈連23.12〉 243.1 (221.1)

【本社】100-0005東京都千代田区丸の内3-3-1 新東京ビル ☎03-6277-1811
【研究開発センター】横須賀
【従業員】〈23.12〉連198名 単134名(36.1歳)年642万円
【証券】上東京G 幹(主)野村(副)日興, みずほ, 岡三, 岩井コスモ, いちよし, 丸三, SBI 名三菱U信 監アスカ
【銀行】三菱U, 三井住友, 三菱U信
【仕入先】—
【販売先】ソリトンシステムズ

(出所)『会社四季報』2024年2集春号

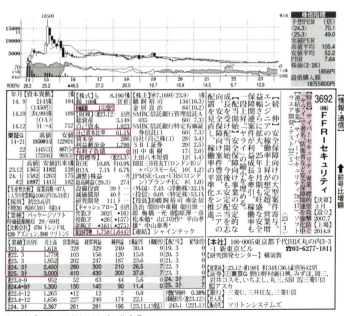

企業とは、4期で売上高が倍というのが基準なので、それには合致している。

それ以外の数字を見ると、自己資本比率が61・1%と高く、有利子負債はゼロだ。そして現金同等物が17億5800万円ある。財務体質は十分に健全と見て良いだろう。

【特色】にも書かれているように、同社は目下、防衛省など安全保障関連を強化中であり、安全保障向けの案件も豊富に持っている。つまり国策企業のようなものだ。**日本には昔から、「国策に売りなし」という相場格言もある。**

それよりも、そのような国策の一翼を担っている企業の時価総額が152億円しかないことに、私はとてつもない危機感を覚える。この程度の企業では、中国から簡単に買収されてしまうかもしれない。

こうした企業の株価が上昇に転じるきっかけになるのは、もしかしたら材料記事の見出しになっている【配当開始】かもしれない。

住友ベークライト（4203）

順張りという観点で選んだ銘柄なので、業績も良く、株価はしっかり右肩上がりで上昇している。業績予想記事の見出しは【連続最高益】だし、材料記事の見出しには【AI半導体】という言葉が明記されている。時流に乗っていて、まさにこれから先も成長が期待できるビジネスであり、株価であると素直に思える銘柄だ。

ただ、この手のピカピカ銘柄の場合、どうしても株価が割高になる嫌いはあるものの、同社の場合、まだそれほど割高という実感はない。予想ＰＥＲは17・5倍だし、ＰＢＲも1・4倍だ。自己資本比率も68・3％と高く、予想配当利回りは1・78％となっている。時価総額は3955億円だが、あくまでも私の感覚という前提で言えば、1兆円規模になったとしてもおかしくはない。

長期でテンバガーが狙えるような銘柄ではないと思うが、とにかく目先のところで乗っかっておきたい銘柄の1つということで、ここに挙げさせてもらった。

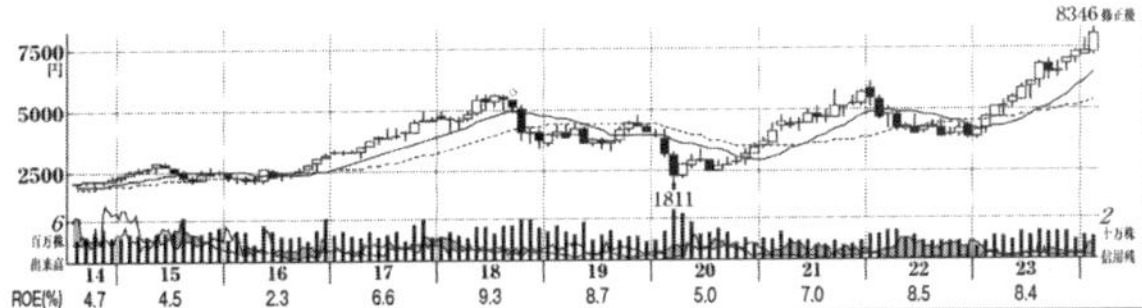

株価指標
予想PER（倍）
〈24.3〉 18.3
〈25.3〉 17.5
実績PER
高値平均 15.0
安値平均 9.1
PBR 1.41
株価(2/26) 8438円
最低購入額 84万3800円

【化学】 4203 住友《すみとも》ベークライト ➡前号並み

【決算】3月 【設立】1932.1 【上場】1949.5

【特色】住友系の樹脂加工大手。半導体向け封止材で世界首位。車向けの高機能樹脂や医療関連製品も
【連結事業】半導体関連材料28(19)、高機能プラスチック36(5)、QOL関連製品36(9)、他0(〈2328・3〉【海外】62

【連続最高益】フィルム材は産業用シート苦戦。ただ主力の封止材はEV拡大でモーターやバッテリー向け堅調。円安も追い風。25年3月期は封止材でEV向け成長続き、下期にはPC・スマホ用途も復調。工場稼働で償却費増えても増益続く。最高純益圏。
【AI半導体】先端半導体向けのパッケージング工程に対応した封止材拡販。中国で約66億円投じた新工場が24年夏ごろ稼働。

年月【資本異動】		万株
02. 4	交換	23,725
07. 3	交換	26,585
18.10	併5→1	4,959
23.10	消却	4,687
24. 3割	分1→2	9,375

東証P	高値	安値
49~21	5890(21)	20(50)
22	6140(1)	3830(12)
23	7455(12)	3830(1)

	高値	安値	出来万株
23.12	7455	6884	283
24. 1	7906	7161	337
#2	8510	7180	359

【生産性比較】従業員数+2,336人
1人当り営業利益308万円(0.95倍)
【採用】初23.1万円
予35 内定32(女10) 中途15
【業種】電子部品・産業用電子機器
時価総額順位 27/240社
【比較会社】4185 JSR, 4186 東京応化

【株式】1/31 46,878千株
単位 100株 貸借
時価総額 3,955億円
【財務】〈◊23.12〉 百万円
総資産 407,255
自己資本 278,203
自己資本比率 68.3%
資本金 37,143
利益剰余金 158,151
有利子負債 47,842
【指標等】〈◊23.3〉
ROE 8.4% 予7.7%
ROA 5.4% 予5.3%
調整1株益 ―円
最高純益(23.3) 20,289
設備投資 183億 予221億
減価償却 137億 予139億
研究開発 115億 予123億
【キャッシュフロー】億円
営業CF 236(279)
投資CF ▲156(▲104)
財務CF ▲229(▲193)
現金同等物 996(1,092)

【株主】単7,099名〈23.9〉 万株
住友化学 1,050(21.1)
日本マスター信託口 683(13.7)
日本カストディ信託口 433(8.7)
自社(自己株口) 302(6.0)
ステート・ストリート・バンク&トラスト505001 106(2.1)
かんぽ生命保険 93(1.8)
三井住友銀行 87(1.7)
日本カストディ信託口(三井住友信) 65(1.3)
住友生命保険 52(1.0)
ステート・ストリート・バンク&トラスト505025 50(1.0)
〈外国〉25.9% 〈浮動株〉5.8%
〈投信〉8.3% 〈特定株〉59.1%
【役員】(社)藤原一彦 (取)稲垣昌幸 朝隈純俊 小林孝 倉知圭介 平井俊也 阿部博之* 松田和雄* 永島惠津子* (常監)竹崎義一 ⇨欄外
【連結】秋田住友ベーク, 九州住友ベークライト

【業績】(百万円)	売上高	営業利益	税前利益	純利益	1株益(円)	1株配(円)
◊21. 3	209,002	19,914	16,139	13,198	280.5	75
◊22. 3	263,114	24,887	25,880	18,299	388.9	110
◊23. 3	284,939	24,823	26,736	20,289	431.2	130
◊24. 3予	288,000	26,500	29,000	21,500	461.7	150
◊25. 3*予	295,000	29,000	31,000	22,500	483.2	*150~160
◊23.4~9	141,942	12,604	14,718	11,074	236.4	70
◊24.4~9*予	143,000	13,000	14,000	11,200	240.5	*70~80
◊22.4~12	216,649	20,013	21,253	16,155	343.3	
◊23.4~12	215,454	20,540	23,561	18,029	385.6	
会24. 3予	288,000	‥	‥	21,500	(23.11.6発表)	

【配当】	配当金(円)
22. 3	60
22. 9	60
23. 3	70
23. 9	70
24. 3予	80
24. 9予	35~40
25. 3予	40
予想配当利回り	1.78%
1株純資産(円)〈◊23.12〉	
5,974	(5,427)

【本社】140-0002東京都品川区東品川2-5-8 ☎03-5462-4111
【事務所】大阪, 名古屋
【事業所】神戸
【工場】尼崎, 鹿沼, 静岡, 宇都宮
【従業員】〈23.12〉連8,011名 単1,662名(47.1歳)年801万円
【証券】上東京P 幹(主)野村(副)大和 名三井住友信 監あずさ
【銀行】三井住友, 三井住友信, 三菱U
【仕入先】三井物産, 住友商事
【販売先】黒田電気, 長華電材

（出所）『会社四季報』2024年2集春号

artience（4634）

2024年1月に、旧東洋インキSCホールディングスが社名を変更してartienceとなった。祖業はインキだが、樹脂やフィルムなどにも事業を拡げている。

業績は安定している。売上高は順調に伸びているし、営業利益は2022年12月決算のみ大きく落ち込んでいるが、2023年12月決算では大幅に改善している。

それに加え、この企業を選んだ最大の理由は、PBRの低さだろう。2024年2集春号の数字で言うと、0・62倍しかない。加えて2024年12月期の業績予想で見ると、売上高が3400億円となってい

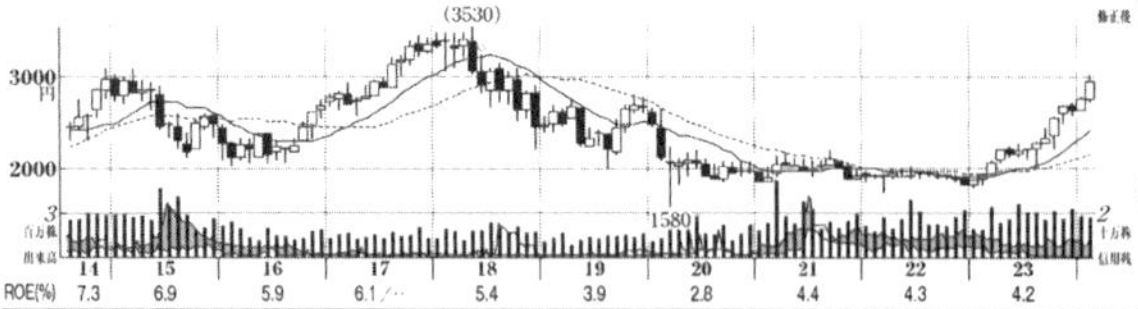

株価指標
予想PER （倍）
〈24.12〉 15.3
〈25.12〉 12.2
実績PER
高値平均 13.8
安値平均 10.2
PBR 0.62
株価(2/26) 2883円
最低購入額 28万8300円

【化学】 4634 **artience** （旧 東洋インキSCホールディングス 24・1）
【決算】12月 【設立】1907.1 【上場】1961.10
➡前号並み

【特色】祖業はインキだが、樹脂、フィルムなどに展開。FPD用色材、車載向け電池分散体が成長製品
【連結事業】色材・機能材関連25(3)、ポリマー・塗加工関連24(7)、パッケージ関連26(4)、印刷・情報関連24(3)、他1(▲11)【海外】54〈23・12〉

【小幅増益】海外軸に粘接着剤、包装用インキ増加。国内は印刷インキの値上げ通期化。下期にFPD用色材が底入れ、車載リチウムイオン電池の出荷も徐々に増える。ただ、人件費、償却費増で営業益小幅増。
【分散体】EV用は21～26年投資額250億円を490億円に増額。うち150億円は政投銀の出資でリスク分散。営業赤字から70億円黒字へ。FPD用色材も戦略分野。

年月	【資本異動】	万株
85. 5	無1:0.1	24,261
86.11	無1:0.1	26,687
18. 7	併5→1	6,062
21. 7	交換	6,062
22. 5	消却	5,828

東証P	高値	安値
61~21	**3140**(18)	**95**(65)
22	2014(6)	1718(3)
23	2701(12)	1765(1)

	高値	安値	出来万株
23.12	2701	**2559**	329
24. 1	2777	2609	281
#2	**3025**	2723	299

【生産性比較】従業員数▲438人 1人当り営業利益170万円(0.92倍)
【グループ採用】初23.2万円 予45 内定40(女17) 中途10
【業種】化学 時価総額順位 35／149社
【比較会社】4631 DIC, 4633 サカタイン, 4636 T&K

【株式】1/31 58,286千株 単位 100株 貸借 優待
時価総額 1,680億円
【財務】〈連23.12〉 百万円
総資産 447,798
自己資本 245,761
自己資本比率 54.9%
資本金 31,733
利益剰余金 156,381
有利子負債 86,703
【指標等】〈連23.12〉
ROE 4.2% 予4.1%
ROA 2.2% 予2.2%
調整1株益 183.6円
最高純益(15.3) 13,304
設備投資 ‥億 予‥億
減価償却 113億 予‥億
研究開発 96億 予‥億
【キャッシュフロー】 億円
営業CF 234(42)
投資CF ▲194(▲56)
財務CF ▲26(▲81)
現金同等物 560(533)

【株主】単15,602名〈23.12〉 万株
TOPPANHLD 1,044(17.9)
日本マスター信託口 638(10.9)
自社(自己株口) 526(9.0)
日本カストディ信託口 348(5.9)
日本触媒 166(2.8)
自社グループ社員持株会 159(2.7)
自社取引先持株会 91(1.5)
ステート・ストリート・バンク&トラスト505001 79(1.3)
ステート・ストリート・バンク&トラスト505103 66(1.1)
三菱UFJ銀行 60(1.0)
〈外国〉18.3% 〈浮動株〉12.7%
〈投信〉 8.3% 〈特定株〉54.8%
【役員】会北川克己 社高島悟 専濱田弘之 取金子眞吾* 小野寺千世* 安達知子* 藤本欣伸* 佐藤哲章 監加野雅之 ⇨欄外
【連結】東洋インキ, トーヨーケム, トーヨーカラー

【業績】(百万円)	売上高	営業利益	経常利益	純利益	1株益(円)	1株配(円)
連19.12	279,892	13,174	13,847	8,509	145.7	90
連20.12	257,675	12,909	12,543	6,019	103.1	90
連21.12	287,989	13,005	15,442	9,492	169.4	90
連22.12	315,927	6,865	7,906	9,308	171.5	90
連23.12	322,122	13,372	12,880	9,737	183.7	90
連24.12予	340,000	14,500	13,500	10,000	188.6	90
連25.12予	360,000	18,000	17,500	12,500	235.7	90
連23.1~6	153,676	4,752	5,365	3,842	72.5	45
連24.1~6予	160,000	6,500	6,000	4,500	84.9	45
会24.12予	340,000	14,500	13,500	10,000	(24.2.14発表)	

【配当】	配当金(円)
21.12	45
22. 6	45
22.12	45
23. 6	45
23.12	45
24. 6予	45
24.12予	45
予想配当利回り	3.12%
1株純資産(円)〈連23.12〉	4,635 (4,134)

【本社】104-8377東京都中央区京橋2-2-1 京橋エドグラン ☎03-3272-5731
【グループ主要拠点】北海道, 宮城, 東京(京橋・十条), 千葉, 埼玉, 新潟, 愛知, 静岡, 滋賀, 京都, 大阪, 兵庫, 広島, 福岡, 香川, 他
【従業員】〈23.12〉連7,836名 単388名(43.8歳)年749万円
【証券】上東京P 幹日興, 野村, 大和, 三菱Uモル 名三井住友信 監トーマツ
【銀行】三菱U, みずほ, 三井住友信, 三井住友
【仕入先】—
【販売先】—

（出所）『会社四季報』2024年2集春号

るが、同社の時価総額は1680億円しかない。PSRで見て0・5倍なのだから、このままの株価水準に止まり続けることはないだろう。あくまでも私見だが、ざっと見て株価は倍になってもおかしくない。

チャートを見ると、2024年になってからの株価は3050円を頭にして、なかなかそこを抜けられない状態が続いていたが、同年5月13日に終値が3380円まで窓を開けて値上がりし、同年6月10日には3475円の高値を付けている。6月末の時価総額は1790億円だが、それでもPSRは0・52倍に過ぎない。まだ上値余地はあると見るのが妥当だろう。

綜研化学（4972）

時価総額が249億円という、これもサイズが小さい企業の1つだが、最大のポイントは、これも割安であるということだ。PERは2024年3月期予想で8・3倍、2025年3月期で6・6倍でしかない。PBRは0・76倍だ。

業績予想記事の見出しは【続伸】というポジティブワードが示されていて、それに違わない業績の数字が出ている。売上高は2023年3月期決算こそやや足踏みだったが、2024年3月期予想が422億円、2025年3月期予想が470億円となっている。

自己資本比率は65・3%で、現金同等物が100億1300万円あり、予想配当利回りは2・82%となっている。有利子負債が45億8400万円あるので、現金同等物との差し引きで考えれば現金が60億円程度あり、時価総額が249億円なので、そこから現金を差し引いたエンタープライズ・バリュー（企業価値）は190億円前後となる。

ということは、エンタープライズ・バリューから見たPSRは、2024年3月期予想の売上高からすると0・45倍になる。PBRやPSRが是正されていく局面において、同社には時価総額で1000億円くらいまでのポテンシャルはあると見ている。

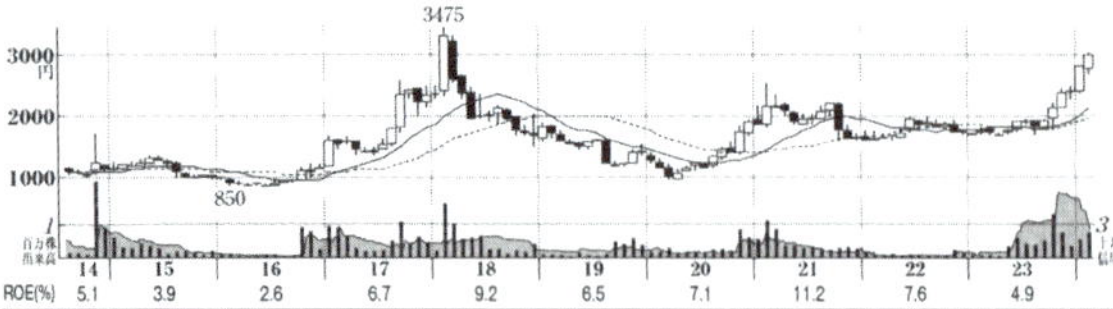

株価指標
予想PER （倍）
〈24.3〉 8.3
〈25.3〉 6.6
実績PER
高値平均 9.5
安値平均 6.1
PBR 0.76
株価(2/26) 3010円
最低購入額 30万1000円

【化学】 4972 綜《そう》研《けん》化《か》学《がく》 ⬆前号比増額 😊会社比強気

【決算】3月 【設立】1948.9 【上場】2001.4

【特色】アクリル樹脂原料の粘着剤を製販。液晶パネル、自動車、テープなど多用途。中国、タイに拠点
【連結事業】ケミカルズ89(5)、装置システム11(9) 【海外】59 〈23・3〉

【続伸】大型偏光板用粘着剤が市況回復と生産拠点の優位性効き絶好調。値上げも奏功し償却費増こなす。営業益独自増額。25年3月期も粘着剤が期初稼働の増設テコに快走。光拡散用微粉体、スマホ向け特殊機能材も上向き償却費増こなす。営業益続伸。
【粘着剤】24年4月稼働分で粘着剤の増設一服。環境配慮型製品拡充による新規用途、顧客開拓注力。中国に次ぐ海外展開先模索。

年月【資本異動】		万株
06. 3	公100万株 (3695円)	815
06. 3	三者15万株 (OA)	830

東証Ⓢ	高値	安値
01~21	5500(06)	319(02)
22	2025(6)	1584(1)
23	2510(12)	1700(2)

	高値	安値	出来万株
23.12	2510	2269	35
24. 1	2837	2400	55
#2	3080	2681	80

【生産性比較】従業員数+112人 1人当り営業利益180万円(0.69倍)
【採用】初‥万円 予‥ 内定‥ （女‥） 中途‥
【業種】化学 時価総額順位 85／149社
【比較会社】4206 アイカ工業, 4634 アティエン, 4228 積水化成品

【株式】1/31 8,300千株
単位 100株
時価総額 249億円

【財務】〈連23.12〉	百万円
総資産	50,137
自己資本	32,727
自己資本比率	65.3%
資本金	3,361
利益剰余金	22,175
有利子負債	4,584

【指標等】	〈連23.3〉	
ROE	4.9%	予9.2%
ROA	3.0%	予6.0%
調整1株益		一円
最高純益(21.3)		2,724
設備投資	3,805	予4,100
減価償却	1,888	予2,500
研究開発	1,404	予‥

【キャッシュフロー】	百万円
営業CF	2,090(3,973)
投資CF	▲3,604(▲3,442)
財務CF	87(783)
現金同等物	10,013(11,203)

【株主】単3,847名〈23.9〉	万株
東京中小企業投資育成	33(4.0)
日本カストディ信託口	28(3.4)
自社従業員持株会	24(3.0)
日本証券金融	24(2.9)
光通信㈱	22(2.7)
中島幹	17(2.0)
BNYメロンLBGPPクライアントマネー＆アセッツ	16(2.0)
BBHフィデリティロープライスドストックF	14(1.7)
JPモルガン証券	14(1.7)
吉田喜一	14(1.6)

〈外国〉17.9% 〈浮動株〉17.4%
〈投信〉 4.3% 〈特定株〉26.8%

【役員】㈳福田純一郎 ㈮滝澤清隆 ㈫冨田幸二 岡本秀二 蓮井崇文 土屋淳* 神山健次郎* 布施木孝叔* ㈲泉浦伸行 野村明 ㈼安田恵* 松本真輔*
【連結】綜研テクニックス

【業績】(百万円)	売上高	営業利益	経常利益	純利益	1株益(円)	1株配(円)
連21. 3	31,493	3,397	3,576	2,724	331.1	75
連22. 3	38,638	2,229	2,744	2,040	247.5	75
連23. 3	38,129	2,034	2,169	1,436	173.9	85
連24. 3予	42,200	4,460	4,460	3,010	363.5	85
連25. 3予	47,000	5,680	5,680	3,800	458.8	85
連23.4~9	19,254	1,670	1,777	1,374	166.2	0
連24.4~9予	23,000	2,780	2,780	1,860	224.6	0
連22.4~12	29,091	1,475	1,657	1,142	138.3	
連23.4~12	31,011	3,133	3,126	2,362	285.5	
会24. 3予	42,600	4,000	4,000	2,700	(23.10.26発表)	

【配当】	配当金(円)
19. 3	55
20. 3	55
21. 3	75
22. 3	75
23. 3	85
24. 3予	85
25. 3予	85
予想配当利回り	2.82%
1株純資産(円)〈連23.12〉	3,952 (3,626)

【本社】171-8531東京都豊島区高田3-29-5 ☎03-3983-3171
【事業所】狭山, 浜岡
【従業員】〈23.3〉連1,127名 単393名(39.3歳)年688万円
【証券】上東京Ⓢ 幹(主)大和(副)岡三, みずほ, 野村 名三井住友信 監PwCJapan
【銀行】三井住友, みずほ, 三井住友信, 三菱U, 埼玉りそな
【仕入先】―
【販売先】―

（出所）『会社四季報』2024年2集春号

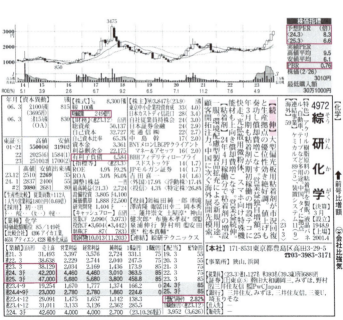

ドラフト（5070）

超ミクロの銘柄も挙げておこう。この企業の時価総額は、１００億円をも下回っている。２０２４年２集春号に掲載されている数字で82・５億円だ。

【特色】には、「オフィスや商業施設、都市開発などの空間設計・施工の大手。従業員の約6割がデザイナー」とある。

施工会社で時価総額が１００億円未満、売上高が２０２３年12月期決算で１０７億２０００万円となって１００億円台に乗せ、２０２４年12月期予想が１２０億円、２０２５年12月期予想が１３２億円となっている。増収増益だ。有利子負債が15億１００万円あるが、自己資本比率は

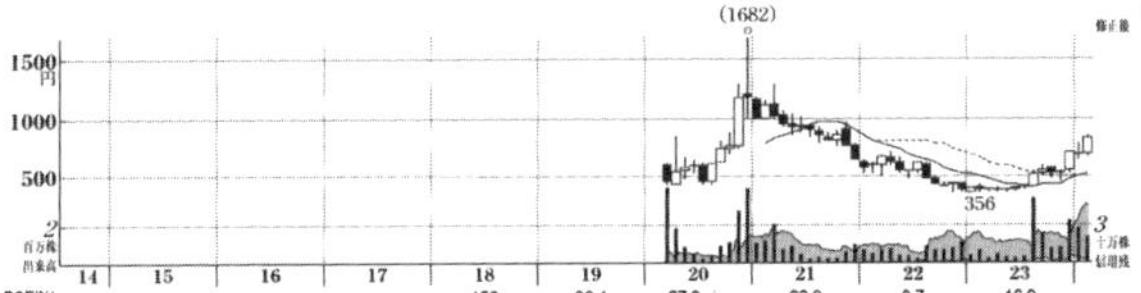

ROE(%) 152 86.4 27.9／‥ 23.2 0.7 16.0

【株価指標】
予想PER （倍）
〈24.12〉 14.2
〈25.12〉 12.7
実績PER
高値平均 123.9
安値平均 65.2
PBR 2.39
株価（2/26） 822円
最低購入額 8万2200円

【建設】 ↓前号比減額

5070 (株)ドラフト

【決算】12月 【設立】2008.4 【上場】2020.3

【特色】オフィスや商業施設、都市開発などの空間設計・施工の大手。従業員の約6割がデザイナー

【連結事業】ディスプレイデザイン・建築デザイン・オフィスデザイン・プロジェクトM・他51、オフィスデザイン・プロジェクトM・他〈2349・12〉

【続伸】柱のオフィスデザインは堅調。1億円以上の大規模案件も着実に増加。オリジナル家具等のグローバルブランド強化と人件費など販管費増こなし営業益好伸。フィリピン子会社のオフィス移転で特損。

【新中計】26年12月期売上145億円、営業利益率9%、時価総額150億円も目標に設定。代表取締役追加、デザイナー創業者の現代表は先端デザイン開発に一段注力。

年月	【資本異動】	万株
20.12	分1→2	923
21.12	公59万株（708円）	985
21.12	三者18万株（OA）	1,003

東証G	高値	安値
20~21	3365(20)	632(21)
22	708(4)	375(11)
23	707(12)	356(2)

	高値	安値	出来万株
23.12	707	532	225
24. 1	770	650	183
#2	848	656	155

【生産性比較】従業員数一
1人当り営業利益460万円（一倍）
【採用】初24.0万円
予10 内定20（女13） 中途19
【業種】建設・土木
時価総額順位 94／123社
【比較会社】9716 乃村工芸社，9743 丹青社，9622 スペース

【株式】1/31 10,043千株
単位 100株 貸借 優待
時価総額 82.5億円
【財務】〈連23.12〉 百万円
総資産 7,465
自己資本 3,456
自己資本比率 46.3%
資本金 807
利益剰余金 1,839
有利子負債 1,501
【指標等】〈連23.12〉
ROE 16.0% 予16.8%
ROA 6.9% 予 7.8%
調整1株益 51.2円
最高純益（21.12） 574
設備投資 ‥ 予 ‥
減価償却 161 予 ‥
研究開発 ‥ 予 ‥
【キャッシュフロー】 百万円
営業CF 234（▲207）
投資CF ▲470（▲587）
財務CF 489（ 152）
現金同等物 1,749（1,495）

【株主】単7,989名〈23.6〉 万株
山下泰樹 377（37.5）
TDA㈱ 200（19.9）
日本カストディ信託口 24（ 2.4）
楽天証券 11（ 1.1）
SBI証券 11（ 1.1）
北村聡 10（ 1.0）
ジャパネットホールディングス 6（ 0.5）
岩坪良雄 5（ 0.5）
田中幸夫 4（ 0.4）
BBHジャパンマイクロキャップエクイティマスターF 3（ 0.3）
〈外国〉 1.5% 〈浮動株〉25.7%
〈投信〉 2.6% 〈特定株〉65.6%
【役員】(代取)山下泰樹 (取)荒浪昌彦 結城大輔* (取監)平田満* 大村尚子* 三代まり子*
【連結】D−RAWRITE，D−RAWRITE d.o.o. Beograd

【業績】(百万円)	売上高	営業利益	経常利益	純利益	1株益(円)	1株配(円)
連20. 3*	6,041	478	464	297	39.4	4
連20.12変	4,313	384	354	240	26.6	4
連21.12	8,032	955	947	574	62.0	5
連22.12	8,287	108	87	21	2.1	5
連23.12	10,702	870	848	516	51.4	6
連24.12予	12,000	980	960	580	57.7	6
連25.12予	13,200	1,150	1,090	650	64.7	6
連23.1~6	3,905	▲96	▲112	▲112	▲11.2	0
連24.1~6予	6,000	480	470	310	30.9	0
会24.12予	12,000	980	960	580	（24.2.13発表）	

【配当】	配当金(円)
19. 3	200
20. 3	8
20.12	4
21.12	5
22.12	5
23.12	6
24.12予	6

予想配当利回り 0.73%
1株純資産(円)〈連23.12〉 344.3（296.8）

【本社】107-0062東京都港区南青山5-6-19 ☎03-5412-1001
【大阪オフィス】大阪市中央区南船場3-9-15
【福岡オフィス】福岡市中央区天神1-10-20
【従業員】〈23.12〉連189名 単152名（‥歳）年‥万円
【証券】上東京G 幹(主)日興(副)みずほ，SBI，野村，極東，いちよし 名三井住友信 監RSM清和
【銀行】三井住友，みずほ，りそな，三菱U，商中
【仕入先】—
【販売先】—

（出所）『会社四季報』2024年2集春号

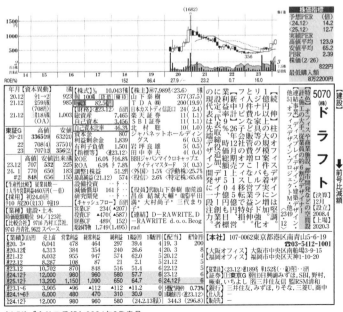

46・3％と、そこそこの数字を維持している。

しかも従業員の約6割がデザイナーという点にも興味を惹かれる。**数字には現れてこない、人的資本のようなものが豊富にあるのではないだろうか**。そこはまだ十分に評価されていないため、時価総額が100億円に達しない水準で推移しているのではないかと考えている。

そもそもPSRが0・68倍で1倍割れになっているが、メーカーとは違って同社の場合、設備投資などのリスクとは無縁だ。そう考えた時、82・5億円の時価総額はいかにも安すぎる。ビジネスそのものに大きな成長ストーリーはないとしても、今の割安が修正されるだけで、株価は2倍、3倍程度になるのではないかと見ている。

新日本電工（5563）

USスチールの買収を計画する日本製鉄を筆頭株主とする鉄鋼銘柄だ。鉄は建設、自動車、インフラ整備など、国の経済活動の根幹を支えており、製鉄業の成長は国家の経済と密接に結びついていることから、「鉄は国家なり」と言われることがある。

そのため、景気敏感株として業績の波はあるものの、業績予想見出しに【改善】とあるように、現在のモーメンタムは上向いている。

材料記事の見出しは【新中計】。「27年度経常益１００億円目標。設備投資は前中計比１・６倍。ＥＶ用機能材増強、海外合金鉄強化。開発投資積極化。次世代２次電池材料で大学・研究機関と連携」とあり、具体的な数値目標はもちろん、投資への積極的な姿勢は好感が持てる。

財務面でも、自己資本比率は71％と健全で、キャッシュフローも堅調である。稼いだ資金を適切に投資と借金返済に振り分けている点も評価できる。時価総額が４０７億円に対し、売上高が２０２３年12月期決算で７６４億円であるため、ＰＳＲは０・53倍となっている。ＰＢＲも０・57倍と割安で、何かの材料をきっかけに、上値を目指してもおかしくない。

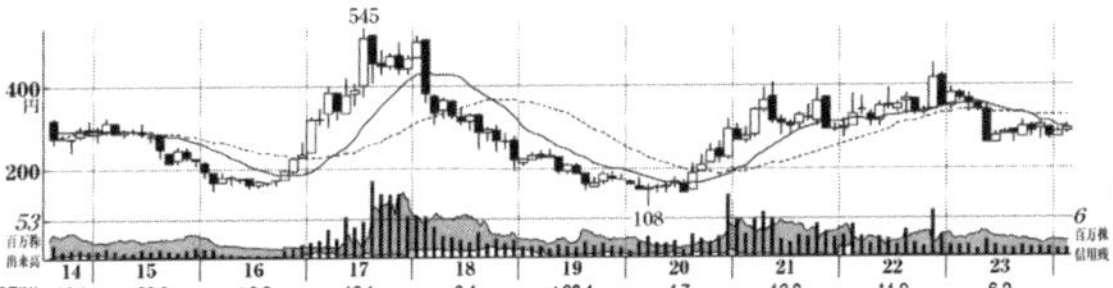

ROE(%)	14	15	16	17	18	19	20	21	22	23
	16.1	▲20.0	▲0.2	12.1	3.4	▲23.1	4.7	12.9	11.9	6.2

株価指標

予想PER	(倍)
〈24.12〉	11.6
〈25.12〉	11.6
実績PER	
高値平均	8.4
安値平均	5.0
PBR	0.57
株価(2/26)	297円
最低購入額	2万9700円

【鉄鋼】 ➡前号並み

5563 新《しん》日《にっ》本《ぽん》電《でん》工《こう》

【決算】12月 【設立】1935.1 【上場】1949.5

【特色】日本製鉄系、鉄鋼向け合金鉄最大手。南アにマンガン鉱山権益。機能材、環境、電力事業を育成

【連結事業】合金鉄69(▲2)、機能材料18(14)、環境9(13)、電力2(27)、他2(7)〈23・12〉

【改善】合金鉄は後半市況好転し黒字転換。機能材もEV電池材料増強で拡大。国内唯一のモーター材料フェロボロン本格稼働。焼却灰資源化は価格転嫁。営業増益。持分損失減。税平常化。配当性向30%目安。

【新中計】27年度経常益100億円目標。設備投資は前中計比1・6倍。EV用機能材増強、海外合金鉄強化。開発投資積極化。次世代2次電池材料で大学・研究機関と連携。

年月【資本異動】		万株
20. 5	現物出資	14,677
21. 5	現物出資	14,685
22. 5	現物出資	14,693
23. 4	消却	13,714
23. 5	現物出資	13,721

東証P	高値	安値
49~21	1700(85)	12(50)
22	459(11)	272(1)
23	394(1)	259(8)

	高値	安値	出来万株
23.12	301	268	1,285
24. 1	296	275	1,027
#2	310	278	1,188

【生産性比較】従業員数▲57人
1人当り営業利益505万円(2.96倍)
【採用】初22.6万円
予9 内定9(女1) 中途13
【業種】鉄鋼
時価総額順位 24／45社
【比較会社】5726 大阪チタニ, 5541 大平洋金属

【株式】1/31 137,217千株
単位 100株 貸借
時価総額 407億円

【財務】〈連23.12〉	百万円
総資産	101,015
自己資本	71,700
自己資本比率	71.0%
資本金	11,096
利益剰余金	38,950
有利子負債	14,394

【指標等】	〈連23.12〉	
ROE	6.2%	予4.9%
ROA	4.3%	予3.5%
調整1株益		一円
最高純益(08.12)		13,679
設備投資	3,826	予‥
減価償却	2,945	予‥
研究開発	631	予‥

【キャッシュフロー】	百万円
営業CF	8,776(6,280)
投資CF	▲4,666(▲4,592)
財務CF	▲5,242(▲2,680)
現金同等物	7,851(8,895)

【株主】単32,113名〈23.12〉	万株
日本製鉄	3,031(22.0)
日本マスター信託口	1,181(8.6)
みずほ銀行	400(2.9)
日本カストディ信託口	270(1.9)
自社取引先持株会	224(1.6)
日鉄鉱業	210(1.5)
日本カストディ信託口(みずほ信)	172(1.2)
JPモルガン・チェース・バンク385781	126(0.9)
みずほ信託銀行	125(0.9)
自社従業員持株会	123(0.9)

〈外国〉7.5% 〈浮動株〉15.7%
〈投信〉4.7% 〈特定株〉42.8%

【役員】社青木泰 取山寺芳美 小林二郎 積田正和 三宅康秀 大見和敏* 取監伊丹一成* 中野北斗* 谷昌浩* 木村浩明* 末村あおぎ*
(3. 28予)

【連結】中央電気工業, 栗山興産, リケン工業

【業績】(百万円)	売上高	営業利益	経常利益	純利益	1株益(円)	1株配(円)
連18.12	73,944	1,701	1,947	2,352	16.1	5
連19.12	70,477	▲5,572	▲6,426	▲14,240	▲97.2	0
連20.12	54,004	5,434	3,492	2,615	17.8	5
連21.12	65,978	8,436	6,870	7,768	52.9	16
連22.12	79,341	8,815	10,367	7,949	54.5	17
連23.12	76,406	4,741	2,465	4,375	31.8	9
連24.12予	77,500	6,000	5,000	3,500	25.5	8
連25.12予	78,000	6,000	5,000	3,500	25.5	8
連23.1~6	39,416	1,937	1,099	800	5.8	3
連24.1~6予	38,000	2,500	2,000	1,500	10.9	3

【配当】	配当金(円)
21.12	12
22. 6	8
22.12	9
23. 6	3
23.12	6
24. 6予	3
24.12予	5
予想配当利回り	2.69%
1株純資産(円)〈連23.12〉	522.6 (494.8)

【本社】103-8282東京都中央区八重洲1-4-16 東京建物八重洲ビル ☎03-6860-6800
【営業所】大阪☎06-6151-9451
【工場】徳島, 富山, 妙高, 郡山【事業所】日高, 鹿島
【従業員】〈23.12〉連937名 単625名(41.2歳)年739万円
【証券】上東京P 幹野村 名みずほ信 監EY新日本
【銀行】みずほ, 三菱U, 三井住友, みずほ信
【仕入先】—
【販売先】日本製鉄

（出所）『会社四季報』2024年2集春号

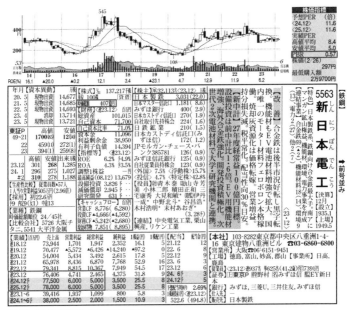

鳥羽洋行（7472）

もう1つ、ミクロな銘柄を紹介しておこう。この会社の時価総額は183億円。PBRが0・78倍で、自己資本比率が66％、有利子負債がゼロで、現金同等物が何と100億1200万円もある。完全な現金貯め込み型のバリュー銘柄だ。しかも予想配当利回りが3・07％もある。このような優良資産を持っている企業の株式になぜ誰も投資しないのか、不思議でならない。

流動性が薄いから投資しにくいのかと思って浮動株比率を見ると、26・1％もあるから、それは理由にならない。恐らく、時価総額があまりにも小さすぎて、外国人投資家が買おうと思っても、スクリーニン

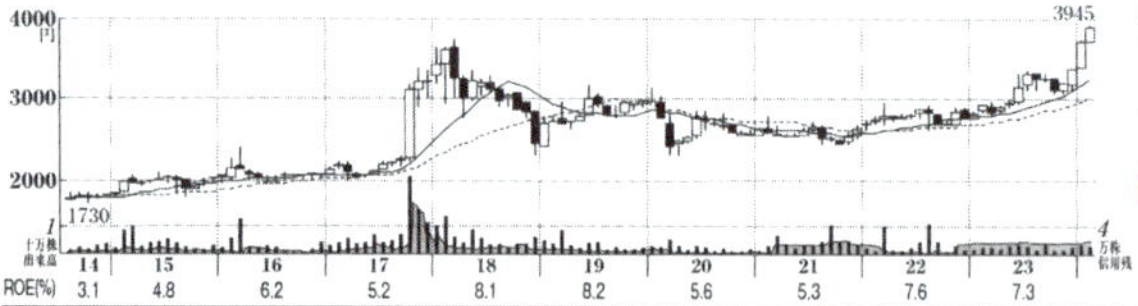

ROE(%)	14	15	16	17	18	19	20	21	22	23
ROE(%)	3.1	4.8	6.2	5.2	8.1	8.2	5.6	5.3	7.6	7.3

株価指標
予想PER（倍）
〈24.3〉 12.7
〈25.3〉 11.9
実績PER
高値平均 10.3
安値平均 8.5
PBR 0.78
株価(2/26) 3910円
最低購入額 39万1000円

【卸売業】

7472 (株)鳥《と》羽《ば》洋《よう》行《こう》

➡前号並み　会社比弱気

【特色】空圧機器を中心に制御・FA関連・産業機器を扱う機械工具の専門商社。産業用ロボットに注力
【連結事業】制御機器28、FA機器50、産業機器22
【海外】11 〈23・3〉
【決算】3月
【設立】1949.12
【上場】1995.11

【上向く】FA機器堅調だが制御機器は半導体関連の得意先向け停滞。基幹システム導入に伴う償却も増え、営業益横ばい。特益減。25年3月期は後半に需要回復見込み制御機器復調。産業用ロボットなどFA機器は車載部品製造向け伸長。利益上向く。
【子会社化】理化学機械器具の受託販売会社（宮城県）を連結子会社化、商材充実し事業拡大。新規客開拓に向け展示会出展継続。

年月【資本異動】		万株
91. 3	三者40万株（1600円）	500
95.11	公30万株（1130円）	530
22. 3	消却	470

東証S	高値	安値
95~21	**3740**(18)	**308**(98)
22	2992(3)	2631(8)
23	3400(12)	2782(1)

	高値	安値	出来万株
23.12	3400	**3135**	2
24. 1	3740	3400	3
#2	**3945**	3715	3

【生産性比較】従業員数+24人
1人当り営業利益661万円（0.87倍）
【採用】初20.7万円
予10 内定14（女4） 中途2
【業種】産業機械
時価総額順位 73／137社
【比較会社】9902 日伝,9932 杉本商事,7624 NaITO

【株式】1/31 4,700千株
単位 100株 貸借 優待
時価総額 183億円
【財務】〈連23.12〉 百万円
総資産 30,556
自己資本 20,167
自己資本比率 66.0%
資本金 1,148
利益剰余金 17,955
有利子負債 0
【指標等】〈連23.3〉
ROE 7.3% 予6.1%
ROA 4.9% 予4.0%
調整1株益 339.8円
最高純益(23.3) 1,429
設備投資 536 予 ‥
減価償却 81 予 ‥
研究開発 ‥ 予 ‥
【キャッシュフロー】百万円
営業CF 1,229(1,360)
投資CF 69(▲752)
財務CF ▲910(▲751)
現金同等物 10,012(9,600)

【株主】単5,257名〈23.9〉	万株
自社（自己株口）	60(12.9)
鳥羽重良	32(6.9)
自社取引先持株会	24(5.2)
鳥羽聰子	23(5.0)
みずほ銀行	16(3.5)
いちごトラストPTE.	15(3.1)
SMC	13(2.8)
自社社員持株会	12(2.6)
藤森立子	12(2.6)
千代田インテグレ	11(2.3)

〈外国〉4.7%　〈浮動株〉26.1%
〈投信〉0.0%　〈特定株〉48.4%

【役員】(会)鳥羽重良 (社)遠藤稔 (取)千國哲王 島津政則 池田智則 村木義和 谷逸夫* 小川隆之* 成瀬圭珠子* (常監)酒井孝弘 (監)廣瀬勝一* 早﨑信* 川口伸*

【連結】鳥羽(上海)貿易

【業績】(百万円)	売上高	営業利益	経常利益	純利益	1株益(円)	1株配(円)
連21. 3	25,040	1,272	1,384	949	219.4	100記
連22. 3	29,730	1,971	2,061	1,424	330.7	120
連23. 3	29,482	1,694	1,800	1,429	340.1	120
連24. 3予	29,500	1,700	1,800	1,230	307.3	120
連25. 3予	31,000	1,850	1,950	1,320	329.7	120
連23.4~9	13,807	731	780	537	131.5	0
連24.4~9予	14,200	850	930	630	157.4	0
連22.4~12	21,576	1,203	1,289	898	212.2	
連23.4~12	21,355	1,173	1,249	855	209.9	
会24. 3予	30,000	1,800	1,900	1,290	(23.5.11発表)	

【配当】	配当金(円)
19. 3	120
20. 3	120
21. 3	100
22. 3	120
23. 3	120
24. 3予	120
25. 3予	120
予想配当利回り	3.07%
1株純資産(円)〈連23.12〉	5,038 (4,812)

【本社】112-0005東京都文京区水道2-8-6
☎03-3944-4031
【営業所】青森,熊谷,川越,前橋,宇都宮,東京,千葉,茨城,厚木,八王子,松本,名古屋,静岡,大阪,兵庫,滋賀,他【海外】上海,タイ,ベトナム
【従業員】〈23.12〉連263名 単235名(36.0歳)年542万円
【証券】上東京S 幹(主)みずほ(副)大和 名三井住友信 監あずさ
【銀行】みずほ,りそな,三井住友,三井住友信
【仕入先】SMC,ヤマハ発動機,アイエイアイ
【販売先】キヤノンG,ダイフク,オリジン

（出所）『会社四季報』2024年2集春号

グに全く引っ掛かって来ないのだろう。

【特色】を見ると、大まかなビジネスの内容が見えてくる。空圧機器を中心に制御、FA関連、産業機器など幅広く扱っている専門商社だ。相場環境が良ければ、時価総額で1000億円を目指してもおかしくないと思う。

ピジョン（7956）

時価総額は1849億円と中型株で、育児用品においては国内トップの企業だ。日本の少子化が進む中で、国内市場だけに頼るのではなく、中国やシンガポールといった海外にも進出しており、海外売上高比率は63%と高い水準にある。しかし、株価は2018年9月に6650円という最高値

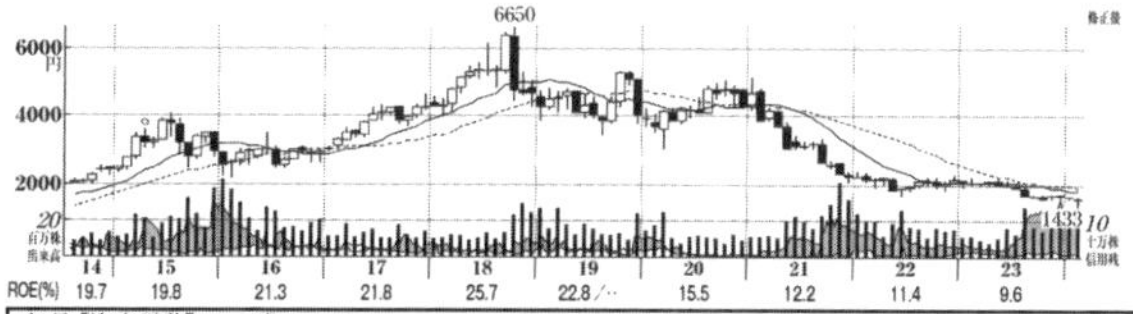

株価指標
予想PER （倍）
〈24.12〉 23.9
〈25.12〉 20.2
実績PER
高値平均 46.7
安値平均 25.4
PBR 2.34
株価(2/26) 1520円
最低購入額 15万2000円

【その他製品】 ↓前号比減額

7956 ピジョン

【特色】育児用品で国内トップ。哺乳瓶発祥。小物に強い。近年はベビーカーにも注力。中国で高シェア
【連結事業】日本37(5)、中国34(27)、シンガポール9(9)、ランシノ20(8)【海外】63〈23・12〉
【決算】12月
【設立】1957.8
【上場】1988.9

【好転】利益柱の中国は処理水問題が足引っ張るが、販促費積極投下で払拭し後半回復。国内は値上げ効果一巡も哺乳瓶軸に着実増。欧米は商品群拡大で成長。営業益上向く。営業外助成金見込まず。減損減る。
【中国市場】TikTokなどのeコマースが主戦場。動画制作を外注化し昨年新発売の哺乳瓶など販促。国内は共働き増加でニーズ高まる高単価な育児家電を拡充。

【株主】㊥43,026名〈23.12〉 万株
日本マスター信託口 2,281(18.7)
日本カストディ信託口 1,066(8.7)
BNYMSANV・MILFSIICV CSAPLSF 528(4.3)
オーエム04・エスエスビー・クライアントオムニバス 221(1.8)
バンク・オブ・ニューヨーク・メロン140051 209(1.7)
仲田洋一 194(1.5)
自社(自己株口) 189(1.5)
ワイ.エヌ㈱ 167(1.3)
野村信託銀行投信口 155(1.2)
ステートストリートBウエストトリーティ505234 144(1.1)
〈外国〉29.8% 〈浮動株〉13.9%
〈投信〉14.2% 〈特定株〉42.4%
【役員】㈹北澤憲政 ㈹板倉正 K.ヴァイスピーコック 矢野亮 鳩山玲人* ⇨欄外
【連結】ピジョンホームプロダクツ, PM兵庫

【株式】1/31 121,653千株
単位 100株 貸借
時価総額 1,849億円
【財務】〈連23.12〉 百万円
総資産 100,440
自己資本 77,581
自己資本比率 77.2%
資本金 5,199
利益剰余金 59,033
有利子負債 76
【指標等】〈連23.12〉
ROE 9.6% 予9.8%
ROA 7.4% 予7.6%
調整1株益 ―円
最高純益(18.1) 14,515
設備投資 6,320 予‥
減価償却 4,881 予‥
研究開発 3,654 予‥
【キャッシュフロー】 億円
営業CF 145(132)
投資CF ▲54(▲56)
財務CF ▲102(▲96)
現金同等物 343(342)

年月	【資本異動】	万株
00. 8	合併	2,027
	減資	
02. 8	交換	2,027
13. 8	分1→2	4,055
15. 5	分1→3	12,165

東証P	高値	安値
88~21	10820(15)	521(98)
22	2419(1)	1622(6)
23	2237(5)	1556(11)

	高値	安値	出来万株
23.12	1731	1580	2,578
24. 1	1667.5	1566	1,969
#2	1642	1433	2,503

【生産性比較】従業員数▲688人 1人当り営業利益296万円(0.66倍)
【採用】初25.2万円 予12 内定13(女8) 中途8
【業種】他個人サービス・製品 時価総額順位 4/118社
【比較会社】8113 ユニ・チャーム, 4452 花王

【業績】(百万円)	売上高	営業利益	経常利益	純利益	1株益(円)	1株配(円)
連19.12変	100,017	17,072	17,284	11,538	96.4	70
連20.12	99,380	15,316	16,113	10,643	88.9	72
連21.12	93,080	13,336	14,648	8,785	73.4	74
連22.12	94,921	12,195	13,465	8,581	71.7	76
連23.12	94,461	10,726	11,522	7,423	62.1	76
連24.12予	101,000	11,400	11,400	7,600	63.6	76
連25.12予	105,000	13,500	13,500	9,000	75.3	76
連23.1~6	48,002	6,511	7,117	4,566	38.2	38
連24.1~6予	49,000	5,000	5,000	3,600	30.1	38
会24.12予	101,000	11,400	11,400	7,600	(24.2.15発表)	

【配当】	配当金(円)
21.12	37
22. 6	38
22.12	38
23. 6	38
23.12	38
24. 6予	38
24.12予	38
予想配当利回り	5.00%
1株純資産(円)〈連23.12〉	648.7 (641.0)

【本社】103-8480東京都中央区日本橋久松町4-4 ☎03-3661-4200
【支店】東京, 名古屋, 大阪
【事業所】筑波, 東京【営業所】札幌, 仙台, 広島, 福岡【研究所】茨城
【従業員】〈23.12〉連3,618名 単334名(43.2歳)年806万円
【証券】上東京P 幹(主)野村(副)三菱Uモル, 大和, 日興 名三菱U信 監PwCJapan
【銀行】三菱U, BNPパ, りそな, 三井住友
【仕入先】伊藤園
【販売先】ピップ

（出所）『会社四季報』2024年2集春号

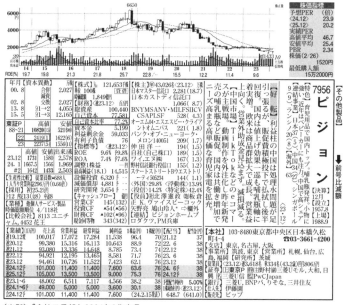

をつけて以降、長期にわたって低迷している。そういう意味では、逆張りで選んだ銘柄だと言える。ただし、四季報の内容は逆張りに値するものとなっている。

業績予想によると、今期・来期ともに増収増益が予想され、見出しも【好転】と書かれていることから、業績が底打ちし、回復に向かう可能性が高いことが示唆されている。

自己資本比率も77・2％と高い。また、現金同等物が343億円であるのに対し、有利子負債はほぼゼロである。営業利益率も10％を超えているため、収益性も優れている。

私が特に注目しているのは、この銘柄が持つ「ダウンサイドリスクの低さ」だ。株価は低迷しているが、財務基盤はしっかりしており、業績の回復も期待され、下値リスクが限定的であると考えられる点は、私の投資スタイルに非常に合致している。また、現時点での配当利回りが5％という点も見逃せない魅力である。たとえ株価がこのまま横ばいだったとしても、安定した配当収入が得られるため、長期投資の観点からも安心できる銘柄だ。

記者予想では2025年には2022年と同水準の業績に戻ると予想されているため、22年の高値である2419円は1つの目安となるかもしれない。また、来期の業績予想の達成次第で2018年の高値を取りにいく可能性もある。保有株の半分は2022年の高値達成で売却して、もう半分は業績のゆくえを確認しながらポジションを泳がせるというのも、悪くない戦略ではないかと思う。

第5章のポイント

- ☑シナリオが外れた場合に備えて、ダウンサイドリスクが小さい銘柄選びをする
- ☑財務が健全かつ成長が見込まれている企業でも株価が上がらない場合は多々あり、専門家であってても投資がすべてうまくいくわけではない
- ☑たとえ一勝三敗しても、勝った銘柄で大きく利益を取れれば、資産は増える

おわりに

暗闇を照らす指針

本書の執筆は、２０２４年3月にスタートした。書き上げるまでに半年ほどの時間がかかったが、その間に世界は目まぐるしい変化を遂げた。

日本国内では17年ぶりの利上げが実施され、それに伴い市場のボラティリティは引き続き高まっている。ウクライナ戦争においても、供与された武器がついに越境攻撃に使用される段階に至り、中東ではイスラエルとイランの紛争が激化し、国際情勢は一層緊張感を増している。そして、どちらの戦争も11月に行われる米国大統領選挙の結果によって大きな影響を受けることが予想される。地政学的リスクは高まるばかりであり、株式市場は以前にも増して予測が難しい状況となっている。

　このような状況の中で、投資家にとって頼れる存在が『会社四季報』である。四季報は、ただのデータベースではなく、企業の背景にあるストーリーや根拠を提供してくれるものだ。四季報を上手に活用することで、投資判断に確信が持てるようになり、株式投資に対する不安も次第に和らいでいくことだろう。四季報を読み解く力が身につけば、企業の動向や成長の可能性を見極め、リスクを取ることへの恐怖心が減り、結果として冷静かつ論理的な判断が可能になる。

　2024年1月からは新しいNISA制度がスタートし、一般の投資家にとっても資産形成がより容易な環境になった。よく言われているように、S&P500や全世界株式といったインデックスファンドに積み立て投資を行うことは、リスクが比較的小さく、安定した資産運用の手段として優れている。

　しかし、私自身が長年株式投資を続けてきた経験から述べると、NISAの非課税枠を使う際には少し違う視点も持つべきだと考えている。なぜなら、NISAの最大のメリットは、利益に上限がないことだからだ。たとえば、1000万円の利益でも1億円の利益でも、税金がかからないという点においては同じである。つまり、これを最大限に活用するためには、リターンを大きく狙える個別株への投資も視野に入れるべきだと考えている。

S&P500のような優良な投資信託商品は、10年で資産を2倍にする可能性を持っているが、個別株にはそれを超える可能性が秘められている。特にグロース株では、10倍、さらには100倍のリターンが得られるケースもあるだろう。このような成長の可能性を考えると、新NISAの成長投資枠である1200万円を活用して、自分で銘柄を選ぶことは非常に有意義な選択肢だと言える。

それでも、株式投資に不安を感じる人がいるかもしれない。そうした人には、まずは本書を参考に四季報を読んでみて、自分なりに「これだ！」と思う銘柄を1つ選び、100株だけでも購入してみることをおすすめしたい。これには、さまざまなメリットがあると考えている。

1つ目は、少額の投資を通じて、株価の上がり下がりに慣れ、エモーショナルコストに対する耐性を身につけられることだ。株式投資では、感情に左右されないことが重要となる。3倍に上がった株価が元に戻ることも少なくないし、20％の値上がりで利確した株が3倍になったりすることもある。だから、株価の上昇を待てずに売ってしまったり、含み損の銘柄が買値に戻った時に早く楽になりたくて売ってしまう。だが、少額であれば損益も小さいため、長期投資のハードルはぐっと下がる。それに、たしかな根拠とストーリーに基づいて購入した銘柄であれば、一時的に下がることはあっても、最終的には少なくとも元の水準に戻ることが多い。

2つ目は、株式を保有することで、その企業について自然と興味を持つようになり、さらに詳しく調べる機会が増えることだ。たとえば、企業のIR情報を確認するようになれば、財務諸表を読み解くスキルも次第に身についてくる。こうした知識を得ることで、企業の成長性をより深く理解し、自分の日常生活がどのような企業に支えられているのかにも気付くことができるようになるだろう。株式投資を通じて、経済全体をより高い解像度で見ることができるようになるのだ。

もちろん、株式投資の最大の目的は資産を増やすことである。それは私も否定しない。しかし、株式投資を通じて多くの魅力的な企業を知ることができる点も大きな価値だと感じている。ビジネスパーソンにとっては、四季報を通じて得た知識が業界分析や自分のキャリアにも役立つことが多いはずだ。投資を通じて得た知識は、単なる株式の値動きにとどまらず、ビジネスの現場でも生きるものとなる。

四季報は日本経済の小説である

さて、最後に私の祖国であるトルコについて触れたいと思う。トルコは近年、非常に厳しいインフレに直面しており、物価はここ10年で5倍にまで跳ね上がった。10年前に1000リラで購入できたものが、今では5000リラを支払わなければ手に入らないという状況だ。しかし、現金の価値が大幅に下がるなかで、トルコの株式市場は逆に10倍の成長を遂げた。つまり、インフレ以上のペースで株価が上昇したということだ。これによって、株式に投資していた人々は資産を大幅に増やすことができた。

日本はトルコのように急激なインフレに見舞われる可能性は低いかもしれない。供給能力が高く、地政学的にも安定している国だからだ。しかし、ここ数年、日本でもインフレの兆しが見られ、生活費の上昇を実感している人も多いだろう。インフレが進む中で、現金を保有するリスクは高まっている。そうした時にこそ、株式は資産を守り、さらに成長させるための有力な選択肢となってくれる。

日本の株式市場はまだまだ成長の余地があり、これからも進化していくと信じている。

特にガバナンスの改善が進み、企業の透明性が高まることで、より多くの投資家にとって魅力的な市場となるだろう。また、地政学的リスクが少ない日本は、世界的に不安定な状況の中でも比較的安全な投資先と見なされている。

ニュースには暗い話題が多く、投資に対して不安を感じることもあるかもしれない。しかし、四季報を読み込めば、そうした状況の中でも果敢に挑戦し、成長を遂げようとする企業が数多く存在していることに気付くだろう。

四季報には、私たちが知らない企業の成長ストーリーが詰まっている。皆さんが耳にしたこともない企業が、ある分野では世界トップのシェアを誇り、活躍していることに驚くことも少なくない。四季報は、日本経済の縮図であり、そこには無数の物語が存在する。それを紐解くことで、日本企業の可能性や未来を見出すことができるだろう。

四季報は、日本経済の小説だ。読めば読むほど、新たな発見があり、投資の楽しさや企業の成長を感じ取ることができるはずだ。本書を手にした皆さんが、四季報を通じて投資の世界を広げ、自らの資産形成に役立てることを心から願っている。

【著者紹介】
エミン・ユルマズ（Emin Yurumazu）
エコノミスト、グローバルストラテジスト
トルコ・イスタンブール出身。1996年に国際生物学オリンピック優勝。97年に日本に留学し東京大学理科一類合格、工学部卒業。同大学大学院にて生命工学修士取得。2006年野村證券に入社し、M&Aアドバイザリー業務、機関投資家営業業務に携わった。24年にレディーバードキャピタルを設立し、代表を務める。現在各種メディアに出演しているほか、全国のセミナーに登壇。文筆活動、SNSでの情報発信も積極的に行っている。

エミン流「会社四季報」最強の読み方

2024年12月24日　第1刷発行
2025年 3 月 7 日　第6刷発行

著　者──エミン・ユルマズ
発行者──山田徹也
発行所──東洋経済新報社
〒103-8345　東京都中央区日本橋本石町 1-2-1
電話＝東洋経済コールセンター　03(6386)1040
https://toyokeizai.net/

装　丁…………山之口正和＋永井里実（OKIKATA）
D T P…………アイランドコレクション
編集協力………鈴木雅光（JOYnt）／福井純／岡田光司／井上昌也
カバー帯写真……今井康一
印　刷…………港北メディアサービス
製　本…………積信堂
編集担当………川村浩毅

Printed in Japan　ISBN 978-4-492-73376-9